Questions contemporaines

Collection dirigée par Jean-Paul Chagnollaud, Bruno Péquignot et Denis Rolland

Chômage, exclusion, globalisation… Jamais les « questions contemporaines » n'ont été aussi nombreuses et aussi complexes à appréhender. Le pari de la collection « Questions contemporaines » est d'offrir un espace de réflexion et de débat à tous ceux, chercheurs, militants ou praticiens, qui osent penser autrement, exprimer des idées neuves et ouvrir de nouvelles pistes à la réflexion collective.

Dernières parutions

Amine ISSA, *Les deux Imams, Le Coran contre l'obscurantisme*, 2024.

Pierre MORLANNE, *L'État, la nation et le peuple, La république au service des citoyens*, 2024.

Sous la direction de Mohamed EL MOUBARAKI et Émile-Henri RIARD, *Regards sur les violences envers les femmes d'ici et d'ailleurs*, 2024.

Zehira HOUFANI BERFAS, *Françafrique, la matrice du chaos africain. Stratégie coloniale d'échec des indépendances*, 2024.

Jean-Marc ESNAULT, *L'Homme face aux défis du monde contemporain. Une réflexion sur notre avenir*, 2024.

Ahamed Youssouf HASSANI MZÉ HAMADI, *Le droit et la dramathérapie en psychiatrie et en ergothérapie*, 2024.

Jacques LANGLOIS, *Les liens sociaux en univers néolibéral*, 2024.

Olivier GANDOU, *Perpignan sous mandat RN. Bilan 2020-2023*, 2023.

Rachid BATHOUM (dir.), *Malades du racisme. Souffrances & dignité,* 2023.

Pierre HURTEAU, *Le péché et la garde de la langue. Entre blasphème et culture du bannissement*, 2023.

André FERTIER, *La citoyenneté culturelle. Réalités juridiques, enjeux et perspectives*, 2023.

FMI et Banque mondiale : la supercherie

Pour une nouvelle Banque mondiale au service de tous les pays

5-7, rue de l'École-Polytechnique, 75005 Paris

http://www.editions-harmattan.fr

ISBN : 978-2-336-46478-7
EAN : 9782336464787

Elie Sadigh
Avec la collaboration de David Sadigh

FMI et Banque mondiale : la supercherie

Pour une nouvelle Banque mondiale
au service de tous les pays

L'Harmattan

À Adam et Elia

Du même auteur :

Moneta e Produzione (1988) ; ouvrage collectif. Giulio Einaudi Editore. Collection Scientifica Einaudi

La rente foncière (1990) ; ouvrage collectif. Ed. adef (Association des Etudes Foncières)

Crise et dépense du profit (1994) ; préfacé par Augusto GRAZIANI, professeur à l'Université de Rome La Sapienza ; Ed. LATEC. Centre national de la recherche scientifique, Université de Bourgogne

La théorie économique dominante : un siècle d'imposture (1998) ; Ed. L'Harmattan

Principes de l'économie salariale (1999) ; Ed. L'Harmattan

Du libéralisme ou de la loi du plus fort à l'économie politique (2001) ; Ed. L'Harmattan

Valeur, prix et capital (2002) ; Ed. L'Harmattan

Étude économique et géopolitique du développement (2003) ; Ed. L'Harmattan

Plein-emploi, chômage : synthèses critiques et propositions (2003) ; Ed. L'Harmattan

La propriété : le propre, l'appropriation (2004) ; ouvrage collectif. Ed. Ellipses

The monetary theory of production: tradition and perspectives (2005) ; ouvrage collectif. Ed. Palgrave Macmillan

Méthodologies économiques et éthique scientifique (2006) ; Ed. L'Harmattan

Délocalisations, chômage : les remèdes (2006) ; Ed. L'Harmattan (traduit en italien)

Organisation Mondiale du Commerce : la supercherie (2007) ; Ed. L'Harmattan (traduit en russe)

Des inégalités économiques aux inégalités sociales ; propositions pour un monde plus juste (2008) ; Ed. L'Harmattan

Le développement durable et équitable (2008) ; Ed. L'Harmattan

Économie politique et politique économique : pour une économie sans crise (2009) ; Ed. L'Harmattan

Afrique le continent pillé : atouts, handicaps, perspectives et propositions (2009) ; Ed. L'Harmattan

La financiarisation : capital contre travail (2010) ; Ed. L'Harmattan

Puissance et décadence des États : la solution économique (2011) ; Ed. L'Harmattan

La nouvelle théorie économique (2012) ; Ed. L'Harmattan

Pourquoi la science économique actuelle est-elle mensongère ? (2013) ; Ed. L'Harmattan

Le plein-emploi dans le cadre de l'économie durable et humaine (2017) ; Ed. L'Harmattan

Remerciements

Mes remerciements sincères vont à Gérard Prévinaire pour la relecture du livre, pour ses suggestions et pour ses demandes de précisions.

Je suis infiniment reconnaissant envers Marie-Ange, mon épouse. Sans son aide précieuse, je n'aurais pas pu mener à bien mes projets.

Introduction générale

Après la Seconde Guerre mondiale on pouvait espérer qu'il serait possible de vaincre la misère et la pauvreté, de réduire les inégalités entre les pays et à l'intérieur des pays, d'écarter les conflits dus aux relations économiques, monétaires et financières entre les pays, d'écarter les conflits dus aux relations économiques à l'intérieur même des pays, de favoriser les conditions de la réalisation de l'entente pacifique entre tous les pays. On pouvait espérer que chaque pays parviendrait à satisfaire les besoins économiques de sa population (par lui-même, par la coopération entre les pays et surtout par l'intervention de certaines organisations internationales) selon les possibilités de ses ressources humaines, naturelles, techniques et financières. Or, plus de soixante-quinze ans après, nous vivons dans un monde où les inégalités économiques et sociales s'aggravent, que ce soit entre les pays ou à l'intérieur de chaque pays, un monde où toutes sortes de conflits menacent la paix dans le monde et à l'intérieur des pays, où ces événements font passer au second plan la misère d'une partie de la population mondiale, un monde où une partie de la population mondiale gaspille ou jette des quantités de produits alimentaires, alors qu'une autre partie continue à être affamée et manque du minimum, où certains pays sont devenus les usines du monde et où les travailleurs sont devenus les esclaves des temps modernes, où ce ne sont plus les gouvernants mais les grands financiers qui dirigent leur pays et le monde, enfin, un monde où c'est l'avenir de la planète et par conséquent l'avenir du vivant qui est menacé. Comment donc ne pas se poser la question de savoir pourquoi ces espoirs ont été déçus et en quoi les organisations internationales (le FMI, la Banque mondiale et l'OMC) sont en grande partie responsables de cet échec, puisqu'elles ont failli dans leurs responsabilités. Il faut dire, plus exactement, qu'elles ont failli à la mission officielle qui leur avait été confiée.

Les relations économiques, monétaires et financières entre les pays et la diminution ou l'augmentation des écarts de revenus entre les pays constituent des facteurs susceptibles de favoriser l'entente pacifique entre les pays ou au contraire de créer des tensions politiques pouvant dégénérer en conflits. C'est pourquoi les institutions internationales sont nécessaires pour gérer ces relations et pour aider les pays qui ont à faire face à des difficultés passagères ou qui doivent sortir du sous-développement. Toutefois, il ne suffit pas que ces institutions ou organisations existent pour que tous les problèmes soient résolus. En effet, pour que soient écartées les causes des conflits, ces organisations doivent respecter et faire respecter par les pays membres les règles du fonctionnement de l'économie. Or, il existe deux sortes de règles : les règles établies arbitrairement et les règles déduites des principes de l'économie établis par une théorie rationnelle. Nous verrons que les conflits dus aux relations économiques, monétaires et financières entre les pays sont les conséquences de l'application de règles arbitraires, tandis que l'application des règles déduites des principes de l'économie faciliterait et favoriserait les conditions de la réalisation de l'entente pacifique entre les pays. Pour aider les pays qui en ont besoin, non seulement les institutions internationales doivent avoir des ressources propres mais aussi être indépendantes de tous les pays et de toutes sortes de lobbies. Nous verrons qu'actuellement aucune de ces exigences n'est satisfaite.

Depuis des dizaines d'années nous savons que le monde a les possibilités humaines, techniques, financières, etc. pour faire sortir de la pauvreté les populations de l'ensemble des pays. Or, force est de constater que l'on n'y est pas encore parvenu. À qui la faute ? Les responsables de cet échec sont d'abord les dirigeants de ces pays, mais ce sont aussi les organisations internationales telles que le FMI, la Banque mondiale et l'Organisation Mondiale du Commerce et enfin la responsabilité en revient en grande partie également à l'application des théories néoclassique et néolibérale qui, s'étant imposées durablement partout, influencent et inspirent les dirigeants. Les dirigeants des pays qui ne sont pas parvenus à sortir du sous-développement sont pour la plupart soit incompétents soit à la recherche du pouvoir pour le pouvoir ou pour s'enrichir ou, pire encore, les trois à la fois. De tels dirigeants ne sont ni au service de leur pays ni au service de sa population. Quant aux dirigeants des organisations internationales, ils sont censés être au service de tous les pays mais en réalité ils se sont révélés être au service de certains pays et des grands financiers, surtout depuis un certain temps, cela essentiellement pour trois raisons liées. D'une part, ils sont prisonniers du système monétaire et financier international actuel dont le fonctionnement est régi par des règles arbitraires. D'autre part, ils sont soumis à l'influence de certains pays et de toutes sortes de lobbies. Enfin, les documents établis et publiés par ces organisations internationales sont vagues, confus et imprécis, ce qui permet différentes interprétations. Le but de ces documents est à la fois de contenter tout le monde et de faire appliquer ce que souhaitent les dirigeants, quitte à changer parfois de direction. Que dire enfin des théories néoclassique et néolibérale, sinon qu'elles sont partisanes, sans fondement rationnel, qu'elles ouvrent la voie à l'arbitraire. Et pourtant ce sont ces théories qui servent de référence et qui guident les décisions et actions des dirigeants nationaux et des organisations internationales, autrement dit, ce sont ces théories qui conditionnent toutes les décisions désastreuses qui empoisonnent le monde aujourd'hui.

Le fonctionnement du système monétaire et financier international actuel fait apparaître une confusion entre la monnaie internationale et la monnaie d'un pays. Il fait donc apparaître un pays privilégié et dominant, le pays dont la monnaie joue le rôle de monnaie internationale. Il fait apparaître la liquidité internationale, qui est à l'origine du marché financier international, devenu le lieu des placements d'origine douteuse et de toutes sortes de spéculations planétaires sur le marché des actions et obligations, sur le marché monétaire, sur le marché des matières premières, sur le marché des produits alimentaires, etc. Les spéculations sur les marchés financiers, sont à l'origine des crises financières au niveau mondial. Sur le marché financier tous les pays ne sont pas à égalité pour financer le déficit de leur balance commerciale. Certains pays empruntent en payant le taux d'intérêt courant, d'autres pays payent des taux d'intérêt exorbitants, d'autres sont simplement exclus du marché. Dans ce système, les taux de change sont arbitraires. De ce fait les échanges internationaux font apparaître des pays gagnants et des pays perdants. Ce sont ces taux de change qui sont à l'origine du pillage de certains pays. Ils sont à l'origine des délocalisations et donc de leurs conséquences néfastes. Ils sont à l'origine de l'augmentation considérable des échanges internationaux dont le transport engendre le gaspillage des ressources naturelles non renouvelables et la pollution de la planète. Ils favorisent les spéculations sur les monnaies.

La nécessité de l'existence du FMI est à mettre en relation avec le fonctionnement du système monétaire et financier international actuel. Dans ce système le FMI a principalement trois rôles. Il intervient pour "aider", sous certaines conditions, des pays qui se trouvent en difficulté passagère pour financer le déficit de leur balance commerciale. Mais le FMI est lui-même dépendant des pays membres et du marché financier pour constituer ses ressources financières. Il intervient aussi pour tenter d'éviter les dévaluations compétitives, sans toujours y parvenir, sans tenir compte du fait que les taux de change actuels sont arbitraires. Il tente de faire face aux crises financières récurrentes et aux crises de la dette des États, dont on veut nous faire croire qu'elles mettent en péril les États mais dont le principal objectif est de sauver la mise des grands créanciers, des grands financiers. En réalité le FMI est dans l'impossibilité d'écarter les causes de ces crises, c'est pourquoi elles sont récurrentes. En fait, nous verrons qu'il passe sous silence les causes des problèmes que nous venons d'évoquer, qu'il ne peut rien faire pour les écarter, cela essentiellement du fait qu'il est, lui-même, issu du système monétaire et financier international actuel dont le fonctionnement est à l'origine de ces problèmes.

Dans le système monétaire et financier international actuel, le financement extérieur du développement se fait par l'endettement, ce qui entraîne certains pays dans une situation de surendettement. Or les pays surendettés sont exclus du marché financier international et ils deviennent les proies des pays et surtout des entreprises qui souhaitent exploiter et exporter à vil prix leurs ressources naturelles. Ils deviennent même les proies des pays et des entreprises qui achètent leurs terres cultivables. Ces pays voient ainsi diminuer leur production de produits autochtones destinés à la population locale et augmenter leur dépendance alimentaire. De tels pays ne peuvent ou ne pourront plus être véritablement indépendants.

La Banque mondiale actuelle est chargée de venir en aide aux pays en développement. Pour les faire sortir du sous-développement, elle soutient surtout le modèle de développement utilisé jusqu'à présent par les pays industrialisés. Or ce modèle n'est pas favorable à l'environnement. Il aggrave les tensions sociales à l'intérieur de ces pays, tensions qui engendrent des conflits sociaux, voire des révoltes. Pour financer le développement dans le cadre du système monétaire et financier international actuel, la Banque mondiale telle qu'elle fonctionne actuellement n'a pas d'autre solution que de soutenir le financement du développement par l'endettement, qui peut engendrer le surendettement de ces pays. Bien qu'elle porte le nom de banque, la Banque mondiale actuelle n'exerce pas l'une des principales fonctions d'une banque : elle n'émet pas de monnaie. Elle joue simplement le rôle d'un intermédiaire financier et elle est elle-même dépendante essentiellement du marché international pour les ressources lui permettant de venir en aide à ces pays. Et l'on peut dire non seulement que ses possibilités financières pour venir en aide à ces pays sont limitées mais aussi que sa marge de manœuvre est limitée.

Au moment de la création de la Banque mondiale, issue de la conférence de Bretton-Woods, un grand espoir s'était levé en faveur des pays en développement mais, plus de soixante-dix ans après, les résultats ne sont pas véritablement probants. Ils ne sont pas à la hauteur de l'espérance que l'on avait placée en cette institution au moment de sa création. Certains pays ne sont pas encore parvenus à satisfaire, par leur propre production, leurs besoins économiques de première nécessité, certains pays ne sont même pas parvenus à satisfaire les besoins alimentaires de leur population. Certains de ces pays se trouvent dans une situation de surendettement. Les écarts de revenus se sont aggravés à l'intérieur de ces pays et entre les pays les moins avancés économiquement et les plus avancés. Enfin l'immigration économique n'a jamais été aussi importante.

Les problèmes que nous avons évoqués, les tentatives du FMI pour faire face à certains de ces problèmes, son impuissance totale pour écarter les causes d'une grande partie de ces problèmes, l'impuissance de la Banque mondiale actuelle pour mener à bien sa mission, son échec relatif dans certains domaines et son échec absolu dans d'autres trouvent leur origine principalement dans le fonctionnement du système monétaire et financier international actuel. En fait, tant que ce système existera, ces problèmes, ces impuissances et ces échecs subsisteront, car ils sont inhérents à ce système.

En outre, le FMI et la Banque mondiale actuelle en sont au stade où ils sont même devenus nuisibles pour une grande partie des pays et de la population mondiale. En effet, le système monétaire et financier international actuel étant régi par des règles arbitraires, il est compatible avec toutes sortes de règles, de décisions et d'exigences arbitraires. Par conséquent, dans un système régi par des règles arbitraires, c'est l'arbitraire qui règne et comment pourrait-il en être autrement ? Dans un tel système, c'est la loi du plus fort qui s'impose. Les ajustements structurels dictés par le FMI et la Banque mondiale actuelle aux pays qui ont besoin de leur aide sont l'exemple même d'une exigence arbitraire. Ces ajustements sont demandés par les néolibéraux, qui sont au service des grands financiers. Nous verrons, en effet, que l'application de ces ajustements n'est favorable ni aux pays qui les appliquent ni à leurs habitants, elle n'est favorable qu'aux grands financiers. Cet exemple permet aussi de constater que les dirigeants de ces organisations internationales sont soumis à l'influence non seulement des gouvernants de certains pays, mais aussi et surtout des lobbies, dans l'exemple évoqué, des lobbies des grands financiers.

En fait, actuellement il n'existe pas de véritable système monétaire et financier international, puisqu'il n'existe pas de véritable monnaie internationale, c'est la monnaie d'un pays qui joue le rôle de monnaie internationale, puisqu'il n'existe pas non plus d'organisation internationale qui émette de la monnaie pour monétiser, comptabiliser et centraliser les échanges internationaux et qui prenne en charge les créances et les dettes résultant de ces échanges. L'absence d'un véritable système monétaire et financier international crée une situation qui n'est pas favorable à la majorité de la population mondiale, mais qui en revanche est favorable à certains pays économiquement puissants et surtout aux grands financiers, qui peuvent imposer leurs exigences.

Or, les relations économiques, monétaires et financières entre les pays ont besoin d'un véritable système monétaire et financier international qui soit au service de tous les pays et de la population mondiale.

C'est donc une réforme totale du système monétaire et financier international que je propose. Cette réforme est fondée sur les règles qui découlent des principes de l'économie établis par une théorie rationnelle. Je présente ici à nouveau cette réforme au chapitre III de cet ouvrage. Le nouveau système réformé devra avoir une nouvelle et véritable Banque mondiale. Le nouveau système et la nouvelle Banque devront être indépendants de tous les pays et de tous les lobbies. Ils seront au service de tous les pays et de la population mondiale. La nouvelle Banque mondiale respectera et fera respecter par les pays membres les règles du fonctionnement normal, harmonieux, de l'économie internationale. Tous les échanges entre les pays membres du nouveau système passeront par la nouvelle Banque mondiale qui émettra une monnaie internationale destinée uniquement à monétiser et à comptabiliser les échanges internationaux. Cette Banque prendra en charge les créances et les dettes des pays exportateurs nets et des pays importateurs nets. Elle ne fera pas apparaître la liquidité internationale. La nouvelle Banque mondiale aura la responsabilité de la détermination des taux de change dans le respect de la parité des pouvoirs d'achat. Nous verrons que l'entrée en fonction du nouveau système et de la nouvelle Banque écartera les causes des problèmes que pose le fonctionnement du système actuel. Elle écartera la nécessité de l'existence du FMI. Nous verrons comment la nouvelle Banque mondiale pourra se constituer un fonds de solidarité en faveur des pays les moins avancés économiquement ainsi qu'un fonds pour venir en aide aux pays touchés par les catastrophes naturelles. Nous verrons en quoi, dans le nouveau système, la nouvelle Banque mondiale pourra intervenir, de façon indépendante, en faveur des pays qui ont besoin de son aide. L'entrée en fonction du nouveau système et de la nouvelle Banque écartera les causes de conflits dus aux relations économiques, monétaires et financières entre les pays. Elle favorisera donc les conditions de la réalisation de l'entente pacifique entre les pays qui participeront aux échanges internationaux.

Chapitre I

Les conséquences du fonctionnement actuel du Fonds Monétaire International (le FMI)

I. Introduction

Les accords de Bretton Woods sont les accords économiques qui ont dessiné les grandes lignes du système monétaire et financier international en 1944. Au départ, leur objectif principal était de mettre en place une organisation monétaire mondiale et de favoriser le financement de la reconstruction et le développement économique des pays touchés par la guerre.

Ces accords furent signés le 22 juillet 1944 à Bretton Woods, aux États-Unis, après trois semaines de débats entre 730 délégués représentant l'ensemble des 44 nations alliées. Un observateur soviétique était également présent. Une bonne majorité des délégués ne participèrent pas aux débats soit du fait du barrage de la langue, soit du fait de leur incompétence ou alors à cause des deux à la fois. Ils firent donc simplement acte de présence.

Les deux protagonistes principaux de cette conférence furent John Maynard Keynes, qui dirigeait la délégation britannique, et Herry Dexter White, assistant du secrétaire au Trésor des États-Unis. Chacun des deux protagonistes avait préparé un plan d'ensemble. Le plan Keynes, qui fut ébauché dès 1941, avait préparé un système monétaire mondial fondé sur une unité de réserve non nationale, le bancor (qui devait servir d'unité de compte aux échanges internationaux). La partie américaine mit en avant le rôle de pivot du dollar américain et proposa plutôt de créer un fonds de stabilisation construit sur les dépôts des États membres et une banque de reconstruction pour l'après-guerre.

Finalement, après des négociations portant surtout sur le financement de la reconstruction des pays touchés par la guerre, c'est la proposition de White qui prévalut, organisant le système monétaire mondial autour du dollar américain, mais avec un rattachement nominal à l'or. Autrement dit, ces accords ont permis d'installer durablement le dollar dans son rôle de monnaie internationale, rôle qu'il joue toujours.

Le plan de Keynes, même s'il était incomplet, reposait sur un fondement théorique, c'est pourquoi, par exemple, il ne voulait pas que ce soit une monnaie nationale qui joue le rôle de monnaie internationale, tandis que le plan de White ne reposait sur aucun fondement théorique. Il était pragmatique, utilitariste, partisan et avait un objectif politique.

Deux organismes ont ainsi vu le jour lors de cette conférence :

La Banque mondiale (BM) et le Fonds Monétaire International (FMI).

Les statuts du FMI ont été adoptés lors de la Conférence monétaire et financière des Nations Unies à Bretton Woods (New Hampshire) le 22 juillet 1944. Ils sont entrés en vigueur le 27 décembre 1945. Ils ont ensuite été modifiés à plusieurs reprises entre le 31 mai 1968, le 28 avril 2008 et 15/12/2010.

Le FMI est une institution internationale qui regroupe actuellement 190 pays, son rôle est de promouvoir la coopération monétaire internationale, de garantir la stabilité financière et les taux de change, de faciliter l'expansion et l'accroissement harmonieux du commerce international, de contribuer à maintenir un niveau élevé d'emploi ainsi que la stabilité économique et de faire reculer la pauvreté. Il a aussi pour fonction d'assurer la stabilité du système monétaire international (SMI) et la gestion des crises monétaires et financières.

L'énumération des rôles du FMI que nous venons d'évoquer pose un certain nombre de questions. 1° Pourquoi le FMI a-t-il été amené à promouvoir la coopération monétaire internationale ? 2° Pourquoi a-t-il été amené à jouer le rôle de garant de la stabilité financière ? 3° L'existence du marché financier international est-elle une nécessité absolue ? 4° Pourquoi le FMI a-t-il été amené à garantir la stabilité des taux de change ? 5° Est-ce que garantir la stabilité des taux de change a pour objectif de rassurer les importateurs et exportateurs ou d'assurer que les échanges internationaux se réalisent dans l'équivalence ? 6° Comment, actuellement, sont déterminés les taux de change ? 7° L'expansion du commerce international est-elle une nécessité absolue, est-elle compatible avec la protection de l'environnement et de l'économie durable ? 8° L'expansion considérable du commerce international, depuis les années 1970, a-t-elle permis d'améliorer la situation de l'emploi dans l'ensemble des pays qui participent aux échanges internationaux ? 9° Est-ce que l'expansion du commerce international doit être considérée comme le principal élément susceptible d'améliorer la situation de l'emploi dans les divers pays ?

Les deux principaux objectifs de ce chapitre sont, d'une part de répondre aux questions que nous venons de poser, d'autre part et surtout de démontrer pourquoi le FMI ne peut malheureusement même pas assumer ses trois fonctions principales : garantir la stabilité du système monétaire et financier international, garantir la stabilité des taux de change et écarter les causes des crises financières.

II. Les objectifs du FMI

L'article I des Statuts du FMI définit les buts de cette organisation internationale :

i) Promouvoir la coopération monétaire internationale au moyen d'une institution permanente fournissant un mécanisme de consultation et de collaboration en ce qui concerne les problèmes monétaires internationaux.

ii) Faciliter l'expansion et l'accroissement harmonieux du commerce international et contribuer ainsi à l'instauration et au maintien de niveaux élevés d'emploi et de revenu réel et au développement des ressources productives de tous les États membres, objectifs premiers de la politique économique.

iii) Promouvoir la stabilité des changes, maintenir entre les États membres des régimes de change ordonnés et éviter les dépréciations concurrentielles des changes.

iv) Aider à établir un système multilatéral de règlement des transactions courantes entre les États membres et à éliminer les restrictions de change qui entravent le développement du commerce mondial.

v) Donner confiance aux États membres en mettant les ressources générales du Fonds temporairement à leur disposition moyennant des garanties adéquates, leur fournissant ainsi la possibilité de corriger les déséquilibres de leurs balances des paiements sans recourir à des mesures préjudiciables à la prospérité nationale ou internationale.

vi) Conformément à ce qui précède, abréger la durée et réduire l'ampleur des déséquilibres des balances des paiements des États membres.

Dans toutes ses politiques et décisions, le Fonds s'inspire des buts énoncés dans le présent article.

Tels qu'ils sont présentés, la plupart des objectifs du FMI apparaissent comme pétris de bonnes intentions. Mais nous devons nous interroger afin de savoir, d'une part si le cadre du système monétaire et financier international résultant des accords de Bretton Woods permet de les réaliser, d'autre part si les problèmes auxquels doit faire face le FMI sont accidentels, conjoncturels ou inhérents au fonctionnement de ce système. En outre, nous verrons que certains de ces objectifs, qui sont à replacer dans le contexte de la période de l'après Seconde Guerre mondiale, ne sont plus compatibles avec les exigences de l'économie durable.

Etudions la portée et les limites de ces objectifs du FMI.

i) Promouvoir la coopération monétaire internationale au moyen d'une institution permanente fournissant un mécanisme de consultation et de collaboration en ce qui concerne les problèmes monétaires internationaux.

Ce premier but défini dans l'article I des Statuts du FMI est ambigu.

La coopération monétaire internationale n'a pas de signification économique. La monnaie est nécessaire pour monétiser les échanges. Mais, dans le système monétaire et financier international issu des accords de Bretton-Woods, il n'existe pas d'organisation internationale à laquelle pourraient s'adresser les pays qui participent aux échanges internationaux afin d'obtenir la monnaie destinée à monétiser ces échanges. Dans ce système, ils doivent s'adresser aux banques américaines ou au marché financier. On voit donc bien la confusion entre relation monétaire et relation financière. En fait, à chaque période, à la fin des échanges internationaux entre les pays qui y participent apparaissent des relations financières. Autrement dit, une fois les échanges terminés, ce qui reste, ce sont les créances et les dettes entre les pays exportateurs nets et les pays importateurs nets. Ces créances-dettes ne sont que des relations financières entre ces pays. Mais il n'existe pas, non plus, d'organisation internationale destinée à gérer ces relations financières.

Les pays qui ont participé aux accords de Bretton Woods ont accepté le dollar comme monnaie internationale. Or, choisir une monnaie nationale comme monnaie internationale pose problème et a des conséquences néfastes. Les problèmes apparaissent du fait de la confusion entre monnaie nationale et monnaie internationale. En effet, lorsque le pays dont la monnaie est considérée comme monnaie internationale réalise des déficits de sa balance commerciale, ce pays a la possibilité de financer ses déficits par sa propre monnaie, émise par son système bancaire. Or, nul ne paie avec sa propre dette. Cette façon de financer les déficits de sa balance commerciale n'est pas un véritable paiement, c'est un faux paiement, c'est une reconnaissance de dette. Ce faux paiement fait apparaître la liquidité internationale et le marché financier international sur lequel sont placés les excédents des pays exportateurs nets. Sur ce marché s'établit une relation entre les pays exportateurs nets et importateurs nets. Mais sur ce marché les pays emprunteurs ne sont pas à égalité puisque certains pays peuvent emprunter facilement en payant le taux d'intérêt courant, d'autres en payant des taux d'intérêt exorbitants, d'autres encore en sont exclus. Ce marché ouvre la voie aux placements des fraudeurs, tricheurs, mafieux et criminels qui blanchissent ainsi leur argent. Le marché financier international ouvre aussi la voie aux spéculations sur les monnaies, sur le marché des actions et obligations, sur le marché des matières premières, sur le marché des produits alimentaires, etc. On voit bien que tous ces problèmes, inégalités entre les pays, placements inégaux, spéculations et autres sont les conséquences des accords de Bretton Woods, où les pays signataires ont accepté que la monnaie d'un pays joue le rôle de monnaie internationale. Ces problèmes et ces effets néfastes persisteront tant qu'il n'existera pas une véritable monnaie internationale, indépendante des monnaies de tous les pays.

Le choix de la monnaie d'un pays pour jouer le rôle de monnaie internationale, l'apparition de la liquidité internationale et donc le marché financier international résultent de l'application de ces accords. Ils échappent ainsi aux institutions issues de ces accords. Par conséquent, ces institutions, dont le FMI, sont dans l'impossibilité de s'attaquer à la racine des problèmes et maux que nous venons d'évoquer et ne sont donc d'aucune utilité pour empêcher l'apparition des crises récurrentes sur les marchés monétaires, sur les marchés des actions et obligations, etc. Elles n'interviennent pas non plus sur les marchés des matières premières et des produits alimentaires, car on fait croire que le marché est le meilleur régulateur. Elles interviennent essentiellement pour tenter de résoudre les problèmes monétaires et financiers internationaux, qui se posent une fois que les monnaies sont attaquées et que les crises sur ces marchés sont déclenchées. Le plus souvent, leurs interventions ne servent qu'à sauver la mise des financiers spéculateurs qui sont à l'origine de ces crises. Le FMI ne peut rien faire pour empêcher ces problèmes et crises qui réapparaîtront tant que sera en vigueur le système monétaire international actuel.

ii) Faciliter l'expansion et l'accroissement harmonieux du commerce international et contribuer ainsi à l'instauration et au maintien de niveaux élevés d'emploi et de revenu réel et au développement des ressources productives de tous les États membres, objectifs premiers de la politique économique.

Pour étudier ce but du FMI, nous devons distinguer la période qui va de l'après-guerre mondiale aux années 1950 de la période qui suit.

Il est vrai qu'après la Seconde Guerre mondiale, la reconstruction des pays qui avaient souffert de la guerre constituait une nécessité absolue, qui ne pouvait passer que par la solidarité. Et cette reconstruction devait être favorisée grâce aux ressources productives de tous les pays concernés, ce qui nécessitait de faciliter le rétablissement du commerce international, afin de faciliter l'importation de ces ressources. À cette époque, on ne pouvait pas parler de développement des échanges internationaux, car la majorité des pays n'avaient pas grand-chose à vendre sur le marché international. On ne parlait pas non plus de développement durable, car il n'y avait pas encore de véritable prise de conscience à ce sujet.

Mais nous savons maintenant que faciliter l'expansion et l'accroissement du commerce international n'est pas compatible avec l'économie durable. Par conséquent, faire dépendre un niveau élevé d'emploi et son maintien de l'accroissement du commerce international n'est pas non plus compatible avec l'économie durable. (Pour plus de précisions, cf. mon ouvrage : Organisation Mondiale du Commerce ; La supercherie (2007) ; Ed. L'Harmattan). En outre, la relation qui fait dépendre le maintien de niveaux élevés de revenu réel de l'accroissement du commerce international pose deux problèmes. Premièrement, il est vrai que, dans une économie fermée, c'est l'accroissement de la production dans chaque pays qui fait augmenter proportionnellement le revenu réel dans les pays concernés. En revanche, il est faux de dire que c'est l'accroissement des échanges internationaux qui fait augmenter le revenu réel dans l'ensemble des pays qui participent à ces échanges. Cela pour une simple raison : la production précède les échanges et c'est la production qui est la source du revenu. Pour pouvoir exporter plus, il faut produire plus. Deuxièmement, dans le meilleur des cas, le pouvoir d'achat réel reste constant dans les pays, considérés dans leur ensemble, qui participent aux échanges internationaux et c'est le cas uniquement lorsque les échanges avec d'autres pays se réalisent dans l'équivalence et lorsque leur balance commerciale est équilibrée. Mais, actuellement, ces deux conditions ne sont presque jamais réunies. En fait, même les pays qui réalisent une balance commerciale équilibrée ne sont pas certains de garder constant le pouvoir d'achat réel chez eux. En effet, une partie de ces pays voient effectivement augmenter le pouvoir d'achat réel chez eux (ce sont ceux que j'appelle les pays gagnants) et l'autre partie de ces pays voient baisser le pouvoir d'achat réel chez eux (ce sont ceux que j'appelle les pays perdants). Cette situation est due au fait que les taux de change ne sont pas établis dans le respect de la parité des pouvoirs d'achat.

Prenons l'exemple de deux pays : pays A et pays B. Supposons que le produit national de chacun de ces pays est de 100 UP (UP = unité de produit). Le pouvoir d'achat réel dans chacun de ces deux pays est de 100 UP, avant la participation aux échanges internationaux. Supposons que la monnaie du pays A est dix fois sous-évaluée par rapport à la monnaie du pays B. Supposons que la balance commerciale entre ces deux pays est équilibrée. Supposons que le pays A exporte 50 UP vers le pays B. Etant donné que la monnaie du pays A est dix fois sous-évaluée par rapport à la monnaie du pays B, les exportations du pays A ne lui permettent de financer que l'importation de 5 UP du pays B. Nous constatons que, après ces échanges, le pouvoir d'achat réel dans le pays A passe de 100 UP à 55 UP, tandis que le pouvoir d'achat réel dans le pays B passe de 100 UP à 145 UP. Nous constatons que les 45 % de pouvoir d'achat réel perdus par le pays A sont gagnés par le pays B. En effet en économie, pour qu'il y ait des gagnants, il faut qu'il y ait des perdants pour le même montant. Par conséquent, on ne pourra pas parler de commerce international harmonieux tant que les taux de change ne seront pas établis dans le respect de la parité des pouvoirs d'achat. Face à cette situation le FMI ne peut rien faire, car sa mission est d'éviter les dévaluations compétitives et de surveiller la stabilité des taux de change déjà établis. Or, les taux de change actuels sont arbitraires.

Les taux de change arbitraires constituent la principale cause, non seulement des échanges inégaux que nous venons d'évoquer, mais aussi des délocalisations. Depuis les années 1970, ce sont principalement les délocalisations qui ont fait augmenter le volume des échanges internationaux. En effet, l'objectif des financiers qui délocalisent leurs entreprises est de produire dans les pays où les monnaies sont sous-évaluées pour vendre leurs produits dans les pays où les monnaies sont surévaluées. Ils peuvent ainsi réaliser des profits substantiels proportionnellement à la sous-évaluation des monnaies des pays où ces produits sont fabriqués par rapport aux monnaies des pays où ils sont vendus.

iii) Promouvoir la stabilité des changes, maintenir entre les États membres des régimes de change ordonnés et éviter les dépréciations concurrentielles des changes.

La stabilité des taux de change permet de rassurer les importateurs et exportateurs, mais elle n'a pas de signification économique. Elle n'assure pas que les échanges internationaux se réalisent dans l'équivalence. Elle n'assure pas que les échanges ne font apparaître ni pays gagnants ni pays perdants. Elle n'écarte pas la concurrence inégale entre les pays sur le marché international. Elle ne permet pas d'écarter les délocalisations dont l'objectif est mercantile. Par conséquent, au lieu de donner comme mission au FMI de prendre des mesures pour éviter les dépréciations concurrentielles des taux de change et de promouvoir la stabilité des changes, il aurait fallu lui donner pour mission l'établissement des taux de change dans le respect de la parité des pouvoirs d'achat, cela afin d'écarter les taux de change arbitraires, qui sont à l'origine de la concurrence inégale sur le marché des produits au niveau international, à l'origine du pillage de certains pays par la ruse et à l'origine de la désindustrialisation de certains pays du fait que leurs entreprises sont ou seront contraintes de délocaliser.

Actuellement, les taux de change sont déterminés de trois façons. 1° Ils sont déterminés par les dirigeants de certains pays afin de favoriser leurs exportations et de limiter leurs importations. 2° Ils sont déterminés par l'offre et la demande de monnaie de chaque pays sur le marché monétaire. Cette façon de déterminer les taux de change ouvre la voie à la spéculation sur le marché monétaire. 3° Le FMI peut imposer des taux de change à certains pays, prétendant ainsi favoriser leurs exportations et limiter leurs importations. Ces taux de change sont arbitraires, car aucune de ces trois sortes de déterminations n'assure le respect de la parité des pouvoirs d'achat.

En réalité, en défendant la stabilité des taux de change, le FMI ne défend pas les intérêts de tous les pays et de la population mondiale, il défend les intérêts de certains pays aux dépens d'autres pays, les intérêts des importateurs et des exportateurs et surtout les intérêts des grands financiers.

iv) Aider à établir un système multilatéral de règlement des transactions courantes entre les États membres et à éliminer les restrictions de change qui entravent le développement du commerce mondial.

Nous devons distinguer le but qui est d'aider à établir un système multilatéral de règlement des transactions courantes (A) et le but qui est d'aider à éliminer les restrictions de change qui entravent le développement du commerce mondial (B).

A) Il résulte des accords de Bretton Woods que les pays qui réalisent une balance commerciale déficitaire soit n'ont, selon le coût de l'emprunt et surtout selon leur situation économique, politique et géopolitique, aucune possibilité, soit ont une ou plusieurs des possibilités suivantes pour régler leurs importations nettes : par la monnaie émise par les banques du pays dont la monnaie joue le rôle de monnaie internationale, par des emprunts sur le marché financier international, par des emprunts contractés auprès des pays qui détiennent une partie de la liquidité internationale, par des accords bilatéraux entre les pays ou par l'intermédiaire des organisations internationales. Etudions les conséquences de ces différentes possibilités et le rôle que peut ou ne peut pas jouer le FMI dans chacun de ces cas.

1° Certains pays qui réalisent un déficit de leur balance commerciale s'adressent aux banques du pays dont la monnaie joue le rôle de monnaie internationale. Si leur demande est acceptée, les banques de ce pays peuvent émettre de la monnaie pour financer le déficit commercial des pays concernés. Cette façon de financer le déficit de la balance commerciale augmente la liquidité internationale, car elle n'est pas un véritable paiement. En fait, cette façon de financer ce déficit ne respecte pas les règles fondamentales de l'économie d'échange, règles selon lesquelles les achats (les importations) doivent être financés par les ventes (les exportations) et, par conséquent, les achats nets (les importations nettes) doivent être financés par les ventes nettes (les exportations nettes). Un système monétaire et financier international qui permet de ne pas respecter ces règles est un système où règne l'arbitraire, car il n'a pas de fondement rationnel. Le FMI n'a pas le pouvoir d'influencer les décisions des banques américaines.

2° Certains pays qui réalisent un déficit de leur balance commerciale s'adressent au marché financier international où est placée la liquidité internationale, là même où se trouve placé l'argent des fraudeurs, des tricheurs, des mafieux et des criminels de tous les pays.

Mais en réalité il n'existe pas de véritable marché financier international, marché centralisé. En fait, les pays et les entreprises qui reçoivent la monnaie dite internationale ont la possibilité de la placer dans les banques à travers le monde. Les pays et tous ceux qui ont besoin de monnaie internationale (fraudeurs, tricheurs, mafieux et criminels) s'adressent à ces banques. Les prêts accordés en monnaie internationale par toutes les banques, outre les banques américaines, sont limités par le montant de la liquidité internationale déposée dans ces banques. Dans ces cas, pour une période donnée, le montant de la liquidité internationale reste constant, ce qui change ce sont les détenteurs de cette liquidité. En effet, seules les banques américaines ont la possibilité d'augmenter ou de diminuer la liquidité internationale. Celle-ci augmente lorsque les banques américaines prêtent de la monnaie "internationale" dont le montant dépasse les dépôts. Elle diminue lorsque les débiteurs étrangers remboursent les banques américaines.

Précisons que les possibilités d'accès au marché financier international ne sont pas les mêmes pour tous les pays. Certains pays peuvent emprunter en payant le taux d'intérêt courant, d'autres pays, pour pouvoir emprunter, doivent payer des taux d'intérêt exorbitants, d'autres encore, pour des raisons économiques, politiques ou géopolitiques sont écartés de ce marché. Le FMI n'a pas le pouvoir d'influencer les décisions des prêteurs.

3° Les pays qui réalisent un déficit de leur balance commerciale peuvent s'adresser aux pays qui réalisent une balance commerciale excédentaire et qui, de ce fait, détiennent une partie de la liquidité internationale. Dans ce cas aussi, le montant de la liquidité internationale reste constant. Le FMI n'a pas le pouvoir d'influencer les décisions des pays prêteurs.

4° Certains pays, pour financer une partie de leur balance commerciale, établissent des accords bilatéraux. Ces accords sont établis essentiellement entre les pays en développement et les pays industrialisés. Le plus souvent, les prêts accordés par les pays industrialisés aux pays en développement sont destinés à financer les achats dans ces mêmes pays, surtout l'achat d'armement. Dans ce cas, ce sont les pays prêteurs (les habitants de ces pays) qui financent les achats de ces pays importateurs. Le FMI n'a pas le pouvoir d'intervenir sur ces accords.

5° Certains pays qui réalisent un déficit de leur balance commerciale s'adressent aux organisations internationales, dont le FMI. Dans ce cas, ces organisations jouent le rôle d'intermédiaire financier, car elles-mêmes empruntent auprès des banques où est déposée la liquidité internationale (on dit sur le marché financier international) pour satisfaire les pays demandeurs, le plus souvent des pays qui ne peuvent pas emprunter directement sur le marché financier international. Mais les prêts accordés par ces organisations sont soumis à certaines conditions (cf. section VI).

On constate que, dans le système monétaire et financier international actuel, bien qu'il existe plusieurs possibilités d'emprunts pour financer les déficits des balances commerciales, tous les pays ne sont pas à égalité et certains pays sont exclus des quatre premiers cas, où le FMI ne sert à rien puisqu'il ne peut jouer aucun rôle. On ne voit donc pas comment celui-ci pourrait aider à établir un système multilatéral de règlement des transactions courantes.

B) L'un des objectifs du FMI est d'éliminer les restrictions de change qui entravent le développement du commerce mondial. Les restrictions de change concernent essentiellement les importations et les mouvements des capitaux financiers. Or, en ce qui concerne les importations, chaque pays doit pouvoir participer au commerce international selon ses besoins et selon ses possibilités de financement. Par conséquent, la participation au commerce international ne doit ni être une contrainte ni représenter un but en soi. En ce qui concerne les mouvements des capitaux financiers, cet objectif, cette exigence, du FMI n'est pas compatible avec les règles du fonctionnement normal de l'économie nationale ni de l'économie internationale (cf. section III de ce chapitre et chapitre IV). La possibilité de fixer cet objectif arbitraire résulte du fait que les règles qui régissent le fonctionnement du système monétaire et financier international actuel sont arbitraires et dénuées de fondements rationnels. Précisons que l'objectif que nous venons d'évoquer n'était qu'un prélude à la libre circulation des capitaux financiers, que le FMI a exigée et imposée clairement par la suite à ses membres. Dans cet ouvrage, nous verrons à plusieurs reprises à quel point s'est révélée néfaste (dans ses conséquences) l'application de l'exigence de la libre circulation des capitaux financiers.

v) Donner confiance aux États membres en mettant les ressources générales du Fonds temporairement à leur disposition moyennant des garanties adéquates, leur fournissant ainsi la possibilité de corriger les déséquilibres de leurs balances des paiements sans recourir à des mesures préjudiciables à la prospérité nationale ou internationale.

Pour réaliser ce but auprès des pays qui ont des difficultés de balance des paiements, le FMI fait dépendre son aide financière des exigences de réformes que ces pays doivent entreprendre. Il est bien précisé que ces réformes doivent empêcher ces pays de recourir à des mesures préjudiciables à la prospérité nationale ou internationale. Or, nous verrons qu'une grande partie des réformes exigées par le FMI sont favorables essentiellement aux grands financiers, surtout depuis une trentaine d'années. En fait, ces réformes ont un objectif partisan qui défend les intérêts de certaines catégories au détriment des intérêts de la très grande majorité de la population mondiale.

Rappelons, d'une part que la nécessité d'intervention du FMI pour aider financièrement certains pays est l'une des conséquences du fonctionnement du système monétaire et financier international actuel, d'autre part que le FMI, pour venir en aide aux pays qui en ont besoin, est lui-même dépendant des pays membres et du marché financier international.

III. Le FMI et la libre circulation des capitaux financiers

Depuis sa création, et jusqu'à une date récente, l'attitude du FMI vis-à-vis de la libre circulation des capitaux financiers a changé trois fois au moins. D'abord favorable au fait que les pays qui le souhaitent puissent contrôler les mouvements des capitaux financiers, il a ensuite prôné leur libre circulation mais depuis peu il préconise un retour en arrière, et cela même si l'un de ses buts est d'aider les pays à éliminer les restrictions de change. Ces tergiversations et contradictions sont dues au fait que les théories de référence des dirigeants du FMI n'ont pas de fondement rationnel.

1° Dès la création du FMI, John Maynard Keynes, qui négociait au nom des Britanniques, avait pensé que le plus important succès de Bretton Woods était la mise en place pour les gouvernements du droit de restreindre les mouvements de capitaux. "Non simplement comme caractéristique de la transition, mais en tant qu'accord permanent, le plan accorde à tous les Gouvernements membres le droit explicite de contrôler tous les mouvements de capitaux. Ce qui avait habituellement été de l'hérésie est maintenant adopté comme orthodoxe." (Keynes, travaux préparatoires à la Conférence de Bretton Woods, 1944).

2° Après les années 1970-80, sous l'influence des grands financiers, le FMI a préconisé la libre circulation des capitaux financiers. Dans une publication de 1999 les chercheurs du FMI tentent de justifier ainsi les avantages de la libre circulation des capitaux financiers. "La croissance des transactions financières internationales et des mouvements internationaux de capitaux est l'une des caractéristiques les plus marquantes de l'économie de la fin du XXe siècle. Les entrées nettes de capitaux dans les pays en développement ont triplé, passant d'environ 50 milliards de dollars par an entre 1987 et 1989 à plus de 150 milliards de dollars sur la période 1995-97. Dans le même temps, les flux privés en 1996 en sont venus à représenter 20 % des investissements intérieurs des pays en développement, contre 3 % seulement en 1990" ("La libération des mouvements de capitaux", Dossiers économiques n° 17, FMI, 1999[1]).

Après plus de cinquante ans, ce constat établi par les chercheurs du FMI permet de dire que les organisations internationales issues des accords de Bretton Woods, chargées de favoriser l'évolution économique des pays en développement, étaient loin de pouvoir remplir leur mission dans ce domaine. En effet, il révèle que, durant toute cette période, les aides financières apportées par ces organisations ont été largement insuffisantes par rapport aux besoins de financement nécessaires pour aider ces pays à sortir du sous-développement.

Néanmoins, le constat de ces chercheurs appelle plusieurs remarques. Premièrement, les entrées nettes des capitaux financiers ont bénéficié essentiellement aux pays émergents et non à l'ensemble des pays en développement, dont les pays les moins avancés économiquement. Deuxièmement, une grande partie de ces placements a servi à financer les délocalisations, ce

---

1 https://www.imf.org/external/pubs/ft/issues/issues17/fre/index.htm

qui signifie que l'évolution économique des pays bénéficiaires des délocalisations s'est faite, et c'est toujours le cas, au détriment de l'évolution économique des pays à l'origine de ces placements. Troisièmement, les entreprises délocalisées le sont toujours dans les pays dont les monnaies sont largement sous-évaluées par rapport aux monnaies des pays qui sont à l'origine de leur financement. Quatrièmement, la grande majorité des produits réalisés par les entreprises délocalisées n'est pas destinée aux marchés des pays où ils sont réalisés, elle est destinée à l'exportation. Cinquièmement, les habitants des pays où ces entreprises s'implantent ne voient donc pas augmenter leur pouvoir d'achat réel proportionnellement à l'évolution de la production réalisée par les entreprises délocalisées et implantées dans leur pays. Par exemple, si la monnaie d'un pays émergent est dix fois sous-évaluée par rapport à la monnaie des pays auxquels sont destinés les produits réalisés par les entreprises délocalisées, ces pays n'obtiennent que l'équivalent d'un dixième de leur exportation. Ce qui veut dire que seulement un dixième de la production réalisée par les entreprises délocalisées profite aux habitants des pays où ces entreprises sont implantées. Sixièmement, on peut donc dire que les pays bénéficiaires des implantations payent une rançon aux financiers des entreprises délocalisées. Septièmement, en réalité, les financiers qui délocalisent leurs entreprises dans les pays émergents ne sont pas des philanthropes. Ils ne prennent pas de telles décisions pour aider ces pays, mais pour réaliser des surprofits. Huitièmement, ces auteurs ne voient pas que, si les taux de change étaient établis dans le respect de la parité des pouvoirs d'achat, il n'y aurait pas de délocalisations. Neuvièmement, ces auteurs ne se posent pas la question de savoir si la libre circulation des capitaux financiers est compatible avec les règles du fonctionnement normal de l'économie nationale et de l'économie internationale.

Dans la même publication du FMI, on peut voir exprimés d'autres avantages de la libre circulation des capitaux financiers. "Les ménages, les entreprises et même des pays entiers peuvent emprunter lorsque leurs revenus sont faibles et rembourser lorsqu'ils sont élevés, ce qui a pour effet de lisser la courbe de consommation. L'aptitude à emprunter à l'étranger peut ainsi atténuer les fluctuations du cycle économique en évitant aux ménages et aux entreprises d'avoir à limiter trop radicalement leur consommation et leurs investissements et à réduire ainsi encore davantage la demande intérieure, lorsque la production et le revenu intérieurs ont chuté." (Ibid.). Le passage cité fait apparaître l'incompétence de ces chercheurs et le caractère partisan de leurs propositions, comme suffisent à le prouver les quelques précisons suivantes qui concernent l'économie fermée, mais encore faut-il distinguer l'économie fermée et l'économie ouverte.

Une première marque d'incompétence apparaît dans leur affirmation : "Les ménages, les entreprises et même des pays entiers peuvent emprunter lorsque leurs revenus sont faibles et rembourser lorsqu'ils sont élevés, ce qui a pour effet de lisser la courbe de consommation".

Une précision : Le revenu d'un pays est faible car le niveau de sa production est faible. Le montant de revenu formé à chaque période est un montant nécessaire et suffisant pour écouler la production réalisée dans chaque pays considéré. C'est là l'un des principes de l'économie nationale. La monnaie est distincte du revenu monétaire. Seul le revenu a le droit légitime sur les produits. Lorsque l'on détient de la monnaie, on peut exercer un droit sur le marché des produits, mais ce droit est illégitime. Pour obtenir le droit légitime sur les produits, la monnaie doit être transformée en revenu.

Les limites et conséquences néfastes de l'application des affirmations de ces auteurs dans une économie fermée (par économie fermée, nous entendons ici les pays qui ne participent pas aux échanges de produits sur le marché international, mais qui acceptent la libre circulation des capitaux financiers) : comme nous venons de le préciser, aucun pays n'a besoin d'emprunter sur le marché financier international pour financer l'achat des produits réalisés dans son pays. Les prêts et emprunts réalisés à l'intérieur d'un pays n'ont aucun effet sur la demande globale dans le pays concerné. Les chercheurs du FMI confondent monnaie et revenu monétaire. Ils font une confusion entre le marché financier national et le marché financier international. Ils confondent le droit, légitime ou non, de la monnaie nationale et celui de la monnaie internationale sur les produits d'un pays. La monnaie nationale représente le droit sur les produits réalisés dans le pays.

La monnaie internationale représente le droit sur les produits présentés sur le marché international. Cette confusion permet à ces chercheurs de défendre l'idée selon laquelle, pour faire face au fléchissement de la consommation et de l'investissement dans un pays, il faudrait recourir au marché financier international. Tous ceux qui défendent cette idée ne voient pas ou passent sous silence le fait que le niveau de la demande dans chaque pays est déterminé par sa production. Ils confondent la dépense du revenu et la dépense de la monnaie (dans ce cas, devises empruntées et converties en monnaie nationale) sur le marché des produits dans un pays. Ils ne voient pas qu'aucun pays n'a besoin de la monnaie d'un autre pays ou de la monnaie internationale pour émettre sa propre monnaie. Ils ne voient pas que seul le revenu formé en contrepartie de la production, dans ce pays, a un droit légitime sur les produits de ce pays. Ils ne voient pas que la dépense de la monnaie sur le marché des produits n'augmente pas le pouvoir d'achat réel (à chaque période, la quantité de produits est déterminée à la production). Ils ne voient pas que la monnaie dépensée sur le marché des produits exerce un pouvoir d'achat illégitime, amputant, proportionnellement au montant de monnaie dépensée, le pouvoir d'achat réel des titulaires de revenu dans chaque pays concerné. Ils ne voient pas que, dans une économie fermée, la dépense de la monnaie sur le marché des produits fait augmenter la demande monétaire mais qu'elle n'a aucun effet sur la demande réelle. Ils ne voient pas que la dépense de la monnaie sur le marché des produits exerce un pouvoir d'achat illégitime, engendre un déséquilibre monétaire et donc des profits inflationnistes. Ils ne voient pas que la dépense du profit inflationniste sur le marché des produits exerce un pouvoir d'achat illégitime qui se renouvelle tant que dure l'emprunt contracté sur le marché financier international. Ils ne voient donc pas les conséquences néfastes de l'application de leur proposition.

Les limites et conséquences néfastes de l'application des affirmations de ces auteurs dans une économie ouverte :

Dans une économie ouverte, les pays participent aux échanges internationaux. Dans ce cas, un pays qui accepte l'entrée de devises (les emprunts contractés sur le marché financier international), pour faire face au fléchissement de la production et donc de la consommation et de l'investissement, subit les conséquences néfastes que nous venons d'évoquer, entre autres. L'entrée de devises favorise aussi le financement de l'importation de produits de consommation. S'il est vrai que les emprunts destinés à financer ces importations font augmenter le pouvoir d'achat réel des consommateurs par l'endettement extérieur, en revanche, il n'est pas vrai qu'ils améliorent le niveau de la production dans les pays qui agissent de la sorte. En outre, l'importation de ces produits fait apparaître une concurrence inégale sur le marché des pays importateurs lorsque les monnaies des pays importateurs sont surévaluées par rapport aux monnaies des pays exportateurs de ces produits. Cette concurrence inégale entre les produits réalisés dans ces pays et les produits qu'ils importent devient la cause de la faillite des entreprises des pays importateurs, ce qui diminue la production, aggrave la situation de l'emploi et à terme rend ces pays dépendants des produits importés. En fait, les pays qui appliquent les propositions de ces chercheurs finiront par se désindustrialiser, par voir augmenter le nombre des chômeurs et par se retrouver avec un surendettement extérieur. On le voit, les emprunts sur le marché financier international qui ont pour objectif, selon ces chercheurs du FMI, "de lisser la courbe de consommation" afin de favoriser la production, engendrent des effets contraires à ceux énoncés.

Une remarque générale : ces chercheurs du FMI ne se posent pas la question de savoir pourquoi le niveau de la production, donc de la consommation et de l'investissement, fléchit dans certains pays. Or, si l'on veut remédier à ce fléchissement, il faut en connaître les causes afin de pouvoir les écarter. En fait, le passage cité de ces auteurs présente un caractère partisan, car, en dernière analyse, c'est la financiarisation de l'économie et donc les financiers qu'ils défendent.

La financiarisation mondialisée est à l'origine de la confusion entre le marché financier national et le marché financier international. Elle est aussi à l'origine de la crise de la dette des États. En effet, lorsqu'un État lance un emprunt pour financer son déficit budgétaire, sa demande de crédit peut être satisfaite par le marché financier international ; cela revient à financer le déficit par la création de monnaie, ce qui engendre les mêmes conséquences néfastes que celles que nous venons d'évoquer. En outre, faut-il le rappeler, aucun pays n'a besoin de la monnaie d'un autre pays pour financer son déficit budgétaire.

Ces chercheurs du FMI ne voient pas ou passent sous silence le fait que les pays qui ont emprunté sur le marché financier international (emprunts contractés par les ménages, par les entreprises ou par l'État), pour pouvoir honorer leurs dettes extérieures, doivent réaliser une balance commerciale excédentaire. Or, la majorité de ces pays se trouvent dans l'impossibilité de réaliser, à court et moyen termes, une balance commerciale excédentaire. Pour ces pays, cette situation est à l'origine de la crise de leurs dettes extérieures et de la crise de la dette des États concernés.

Ceux qui défendent l'idée selon laquelle un pays, pour faire face au fléchissement de la production, du revenu réel, de la consommation, des investissements et donc des recettes de l'État, doit recourir au marché financier international, non seulement commettent une erreur, mais ils entraînent aussi les dirigeants de ces pays à commettre des erreurs. En effet, étant donné que cette proposition vient des chercheurs du FMI, elle est prise pour argent comptant par les dirigeants des pays concernés qui ne cherchent même plus à connaître les causes de ce fléchissement. Pour les pays dits industrialisés, nous savons maintenant que ce sont les taux de change arbitraires qui sont à l'origine des délocalisations qui elles-mêmes constituent la principale cause de ce fléchissement. Mais le FMI, en passant sous silence les taux de change arbitraires, les légitime.

3° Depuis la libéralisation des capitaux financiers, les crises financières se sont succédé à travers le monde avec une portée de plus en plus grande. Certains disent qu'elles sont de plus en plus coûteuses, mais ils ne précisent pas pour qui. Il est intéressant de savoir comment les chercheurs du FMI tentent d'expliquer la cause de ces crises.

"La libéralisation des mouvements de capitaux a-t-elle causé une recrudescence de crises financières coûteuses ? Il est certain que, si la libéralisation des mouvements de capitaux précède le renforcement du système financier intérieur, elle peut causer de graves problèmes économiques, voire des crises financières. En revanche, la suppression des entraves à la circulation de l'épargne a été une bénédiction pour le développement économique partout dans le monde. Et la puissante et irréversible vague de transformation des techniques d'information et de communication fait qu'aujourd'hui l'extrême mobilité des capitaux est une réalité incontournable. Face à ces constats, la solution n'est pas de revenir à un régime de restriction des flux de capitaux, mais de procéder à la libéralisation de manière ordonnée et bien enchaînée, avec l'appui de politiques macroéconomiques saines, de systèmes financiers intérieurs renforcés et dans une plus grande transparence grâce à la diffusion en temps voulu de l'information financière et économique. Entourée de ces précautions, la libéralisation devient non seulement inévitable mais salutaire." (Ibid.)

Selon les chercheurs du FMI, les crises financières mondiales, depuis la libéralisation de la circulation des capitaux financiers et cela jusqu'à la fin des années 1990, résultaient de la fragilité des institutions financières, des carences de la réglementation et du contrôle, ainsi que du manque de transparence. C'est pourquoi le FMI a intensifié ses efforts afin d'aider les pays à mettre en œuvre des mesures propices à la création de systèmes financiers solides. Or, force est de constater que, depuis, les crises financières ont été récurrentes, citons-en quelques-unes : le krach boursier de 2001-2002, la crise financière de 2007-2009 et la crise de la dette des États de 2009-2010.

Le passage que nous venons de citer est révélateur de la confusion savamment entretenue par le FMI. Les textes publiés par cette organisation internationale sont ambigus, partisans et leurs justifications sont sans fondement rationnel, ce qui appelle quelques remarques. 1° "Il est certain que, si la libéralisation des mouvements de capitaux précède le renforcement du système financier intérieur, elle peut causer de graves problèmes économiques, voire des crises financières." Cette affirmation est fausse, comme suffisent à le démontrer les constats qui suivent. Ces chercheurs rendent les systèmes financiers nationaux responsables des problèmes économiques de leur pays et des crises financières mondiales. Ils entendent par-là que les pays qui acceptent la libre circulation des capitaux financiers pour renforcer leur système financier doivent d'abord le réformer. Or, la plupart des pays qui ont subi les conséquences des crises que nous avons évoquées avaient réformé leur système bancaire et financier. 2° "La suppression des entraves à la circulation de l'épargne a été une bénédiction pour le développement économique partout dans le monde". Cette affirmation est mensongère, car si la libre circulation des capitaux financiers a favorisé, en partie seulement, le développement de certains pays émergents, cela s'est fait au détriment des pays dits industrialisés. 3° "Et la puissante et irréversible vague de transformation des techniques d'information et de communication fait qu'aujourd'hui l'extrême mobilité des capitaux est une réalité incontournable". Cette affirmation aussi est mensongère. Ce n'est pas parce qu'il est plus facile aujourd'hui de transférer des capitaux que la libre circulation des capitaux financiers est incontournable. Il y a là une confusion entre la facilité à transférer les capitaux et la décision de chaque pays d'accepter ou non la libre circulation des capitaux financiers. Comment ne pas voir que la libre circulation des capitaux financiers n'est pas un problème de temps ni de technique, ni de rapidité. C'est un problème qui concerne à la fois la souveraineté de chaque pays et les règles du fonctionnement des économies nationales et de l'économie internationale.

En fait, les dirigeants du FMI ne se posent pas la question de savoir si la libre circulation des capitaux financiers est compatible avec les règles du fonctionnement harmonieux des économies nationales et de l'économie internationale. La circulation des capitaux financiers passe par le marché financier international. Or, l'existence de ce marché est une anomalie due au fonctionnement du système monétaire et financier international actuel. La libre circulation des capitaux financiers est aussi une anomalie qui est la conséquence de l'application des règles arbitraires qui ont été établies par le FMI, sous la pression des grands financiers, et acceptées par les dirigeants de certains pays.

L'étude de cette section permet de constater que les conséquences néfastes du fonctionnement du système monétaire et financier international actuel sont dues au fait que le fonctionnement de ce système est régi par des règles arbitraires. Or, le fonctionnement d'un système régi par des règles arbitraires est compatible avec toutes sortes de règles arbitraires telles que, par exemple, la règle de la libre circulation des capitaux financiers, exigée par le FMI.

IV. Les taux de change et le FMI

Les taux de change jouent un rôle prépondérant dans les échanges internationaux dont l'objectif économique est la réalisation de l'enrichissement mutuel des pays qui y participent. Mais c'est la façon dont sont déterminés les taux de change qui garantit ou non la réalisation des échanges dans l'équivalence, l'une des deux conditions de la réalisation de l'enrichissement mutuel. En outre, les échanges réalisés dans l'équivalence favorisent l'entente pacifique entre les pays qui participent aux échanges, tandis que les échanges réalisés dans la non-équivalence constituent un facteur de conflits entre les pays qui y participent, conflits qui peuvent dégénérer.

Promouvoir la stabilité des taux de change constitue l'une des prérogatives du FMI résultant des accords de Bretton Woods. Pour assumer ce rôle, les dirigeants du FMI avaient le choix entre accepter que chaque pays décide de la détermination du taux de change de sa monnaie, laisser le marché déterminer les taux de change ou exiger que les taux de change des monnaies de tous les pays membres soient établis dans le respect de la parité des pouvoirs d'achat. Les dirigeants du FMI ont opté pour les deux premières propositions. Les dirigeants de chaque pays ont eu alors essentiellement deux possibilités : déterminer eux-mêmes le taux de change de la monnaie de leur pays ou opter pour que ce soit le marché qui le détermine. Les deux taux de change ainsi déterminés sont arbitraires : dans le premier cas parce qu'ils sont déterminés par les dirigeants des pays concernés, dans le deuxième cas parce que la monnaie est alors considérée comme un bien dont le prix ou le taux de change est déterminé sur le marché par l'offre et la demande de chaque monnaie. Ainsi, lorsque l'offre d'une monnaie augmente par rapport à sa demande, son prix ou son taux de change diminue ; lorsque la demande d'une monnaie augmente par rapport à son offre, son prix ou son taux de change augmente. Or, la monnaie n'est pas un bien et elle ne peut pas être étudiée comme tel. La monnaie est un symbole, un moyen d'échange, un équivalent général.

Les taux de change arbitraires ont plusieurs conséquences néfastes. 1° Dans un monde où les taux de change sont arbitraires, les échanges internationaux ne se réalisent pas dans l'équivalence, de ce fait, apparaissent des pays gagnants et des pays perdants, situation qui peut vite devenir une cause de conflits entre les pays qui participent aux échanges internationaux. 2° La détermination des taux de change sur le marché par l'offre et la demande de chaque monnaie ouvre la voie aux spéculations sur les monnaies. Ces spéculations sont susceptibles d'engendrer des crises monétaires qui peuvent coûter très cher aux pays dont les monnaies sont attaquées sur le marché. 3° Ce sont les taux de change arbitraires qui font apparaître une concurrence inégale sur le marché international des produits. 4° Ce sont ces taux de change qui font apparaître la main-d'œuvre moins chère dans certains pays que dans d'autres. 5° Ce sont ces taux de change qui sont à l'origine des délocalisations et qui les favorisent.

Or, ces maux que nous venons d'évoquer ne seraient pas apparus si les dirigeants du FMI avaient opté pour la détermination des taux de change dans le respect de la parité des pouvoirs d'achat. Dans le domaine des taux de change, depuis les accords de Bretton Woods, le FMI se contente essentiellement de défendre la stabilité des taux de change établis et d'éviter ou de contrôler les dévaluations compétitives. Toutefois, cela n'a pas empêché les dirigeants de cette organisation internationale d'exiger la dévaluation des monnaies de certains pays africains afin, selon eux, de favoriser leur développement (ces dirigeants ne sont pas à une contradiction près). C'est ainsi que, en 1994, avec l'accord de la France et "le consentement" des dirigeants de la zone du franc CFA, le FMI a exigé que cette monnaie soit dévaluée de 50 %, dévaluation justifiée de la façon suivante :

"Les biens produits par les pays de la zone franc se fermaient l'accès aux marchés mondiaux par des prix trop élevés lorsque le taux de change du franc CFA était fixé artificiellement à un niveau élevé. En conséquence, la croissance économique dans ces pays a été faible ou nulle pendant les années 80 et le début des années 90. Pour corriger cette situation, ces pays se sont consultés et ont pris l'avis du FMI et de la France, et ils ont décidé audacieusement de dévaluer de 50 % le franc CFA. En d'autres termes, à compter du 1er janvier 1994, 1 franc français valait 100 francs CFA, au lieu de 50 francs CFA. La dévaluation visait à replacer ces pays sur un sentier de croissance durable en les aidant à rétablir leur compétitivité sur les marchés mondiaux. Elle a encouragé les exportations au détriment des importations, en permettant aux pays de la zone de vendre leurs produits à moitié prix, alors qu'ils devaient payer le double pour acheter des produits à l'étranger."[2]

Quelques remarques permettent de mettre en évidence les limites et le manque de sincérité de cette justification de la dévaluation du franc CFA. Elles permettent aussi de mettre en évidence l'incompétence des experts du FMI dans le domaine de la connaissance des pays en développement et du véritable rôle des taux de change. Elles permettent enfin de marquer son caractère partisan.

1° Les pays de la zone franc exportent essentiellement des matières premières, des produits agricoles et artisanaux. Ils importent des médicaments et des produits manufacturiers. Supposons qu'avant la dévaluation de leur monnaie, ces pays exportaient 1000 tonnes de produits agricoles leur permettant de financer l'achat d'une certaine quantité de médicaments ou un certain nombre de tracteurs. Après la dévaluation de leur monnaie, ces pays ont été obligés d'exporter deux fois plus de produits agricoles pour financer l'achat d'une même quantité de médicaments ou d'un même nombre de tracteurs. Les soi-disant experts du FMI ne se sont pas posé la question de savoir si ces pays pouvaient doubler du jour au lendemain (la dévaluation ayant un effet immédiat) leur surface cultivable, doubler du jour au lendemain leur production agricole. Ils ne se sont pas posé la question de savoir si le marché international était capable d'absorber du jour au lendemain deux fois plus de produits agricoles venant de ces pays. Le simple bon sens permet d'en douter fortement.

2° La dévaluation du franc CFA a fait doubler, du jour au lendemain, la dette extérieure de ces pays. Or, certains de ces pays ne pouvaient déjà pas honorer leur dette extérieure avant la dévaluation, après la dévaluation ils se sont donc trouvés dans une situation de surendettement aggravé. Ni les dirigeants du FMI ni les dirigeants de la Banque mondiale n'ont tenu compte de cette situation, ce qui marque bien la limite de leurs compétences ou leur mauvaise foi.

---

2 https://www.imf.org/external/pubs/ft/fabric/fra/backgrnd.htm

3° La dévaluation du franc CFA a aggravé ou créé sur le marché mondial une concurrence inégale entre les produits agricoles exportés par les pays membres de la zone franc et les autres pays exportant les mêmes produits agricoles, pays qui ont donc eu deux possibilités pour faire face à cette concurrence inégale. Ils pouvaient prendre la décision de baisser leurs prix. Mais cette décision a mis leurs cultivateurs dans une situation difficile, car ils ont vu ainsi leur revenu diminuer. Elle a mis en danger l'avenir des cultivateurs et à terme l'avenir du secteur agricole dans ces pays. Ils pouvaient décider de dévaluer leur monnaie en ayant alors à subir les conséquences néfastes que nous venons d'évoquer. Cette situation aussi marque la limite des compétences des experts et des dirigeants du FMI.

4° On pourrait exiger d'un pays qu'il dévalue sa monnaie, si l'on constate que sa monnaie est surévaluée par rapport aux monnaies des pays qui importent ou qui voudraient importer les produits de ce pays. Or, ce n'était pas le cas du franc CFA[3]. Les experts du FMI auraient pu constater qu'avant la dévaluation du franc CFA, avec 100 francs français on pouvait acheter bien plus de produits dans les pays de la zone franc qu'en France, par exemple. Ils pouvaient constater que dans certains pays de la zone, avec 100 francs français, on pouvait acheter au moins 10 fois plus de produits qu'en France, ce qui signifie que le franc CFA était largement sous-évalué et que ces pays étaient déjà pillés. Par conséquent, la dévaluation du franc CFA a encore aggravé le pillage des pays de la zone franc.

5° Ces experts pensaient que la dévaluation permettrait à ces pays de diminuer l'importation des produits dits de luxe. Or, pour atteindre cet objectif sans que ces pays aient à subir les conséquences néfastes de la dévaluation, les dirigeants du FMI auraient dû exiger plutôt que les pays de la zone augmentent significativement les taxes et les droits de douane sur l'importation des produits de luxe. En outre, cette décision aurait permis d'augmenter les recettes budgétaires de ces États. Toutefois, il est vrai qu'ils ne pouvaient pas formuler une telle

3 L'un des dirigeants du Sénégal se plaignait de ce qu'il fallait, en 1970, 20 tonnes de café pour acheter un tracteur, contre 4 tonnes en 1950.

demande, incompatible avec les objectifs de la libre circulation des marchandises exigée par l'OMC.

6° Les dirigeants du FMI pensaient et pensent toujours que le développement des pays les moins avancés économiquement doit être favorisé par l'implantation des entreprises dites multinationales dont la production est destinée à l'exportation qui, elle-même, peut être favorisée par la dévaluation, ce qui signifie que la totalité ou une grande partie des produits réalisés par ces entreprises n'est pas destinée aux habitants de ces pays. Cette situation accentue le pillage de ces pays, mais elle favorise les financiers des entreprises multinationales qui produisent dans les pays où les monnaies sont sous-évaluées pour vendre dans les pays où les monnaies sont surévaluées. Cette différence de taux de change leur permet de réaliser des profits substantiels. Or, l'un des principaux objectifs du développement doit être de parvenir à satisfaire de mieux en mieux les besoins économiques des habitants des pays concernés par leur propre production et de les rendre de moins en moins dépendants des produits importés. En voulant favoriser le développement par l'implantation des entreprises dites multinationales dont la production est destinée à l'exportation, les dirigeants de la Banque mondiale et du FMI se montrent favorables au paiement de rançons par les pays concernés aux financiers de ces entreprises.

7° Les experts du FMI ne se sont pas posé les questions de savoir si les pays de la zone franc, individuellement ou considérés dans leur ensemble, avaient suffisamment de main-d'œuvre qualifiée, s'ils avaient suffisamment d'infrastructures, s'ils avaient les capitaux nécessaires, s'ils avaient une stabilité politique suffisante, si les dirigeants de ces pays étaient véritablement au service de leur pays et de sa population. Ce sont pourtant là les conditions nécessaires pour industrialiser ces pays afin de satisfaire au mieux les besoins économiques de leur population. En cas de réponses positives à ces questions, ces pays auraient été prêts à entrer dans la phase de l'industrialisation sans avoir besoin ni d'une dévaluation de leur monnaie ni de l'implantation des entreprises multinationales. En cas de réponses négatives, il n'y aurait pas eu d'implantation d'entreprises multinationales dans ces pays et la dévaluation du franc CFA n'y aurait rien changé.

8° Enfin, la dévaluation du franc CFA allait à l'encontre de l'un des objectifs du FMI, à savoir éviter les dévaluations compétitives. Cette demande de dévaluation n'était que l'une des contradictions manifestes entre les objectifs affichés des organisations internationales et leurs pratiques.

V. Les droits de tirage spéciaux (DTS)

La création des DTS est une conséquence des imperfections du "système monétaire et financier international" résultant des accords de Bretton Woods. Les raisons pour lesquelles le FMI a créé et maintenu les DTS ont évolué au fur et à mesure de l'apparition des conséquences des imperfections du "système" en vigueur jusqu'à présent. Nous verrons d'abord comment a été justifiée la nécessité de créer des DTS, ensuite nous étudierons les imperfections du système monétaire et financier international actuel. Enfin, nous établirons que les DTS ne permettent pas d'écarter les imperfections, car celles-ci sont inhérentes à ce système.

"Le droit de tirage spécial (DTS) a été créé par le FMI en 1969 pour soutenir le système de parités fixes de Bretton Woods. Tout pays adhérent au système devait disposer de réserves officielles — avoirs en or de l'État ou de la Banque centrale et devises largement acceptées — qui pouvaient servir à racheter sa monnaie nationale sur les marchés des changes internationaux, au besoin, pour maintenir son taux de change. Mais l'offre internationale de deux grands avoirs de réserve, l'or et le dollar, s'est révélée insuffisante pour étayer l'expansion du commerce et l'évolution financière auxquelles on assistait alors. La communauté internationale a donc décidé de créer un nouvel avoir de réserve mondial sous les auspices du FMI."[4]

Quelques remarques permettent de mettre en évidence les imperfections que le système monétaire et financier international actuel a cumulées dès sa création. 1° Nous l'avons vu, si le FMI

---

4 https://web.archive.org/web/20090212173707/https://www.imf.org/external/np/exr/facts/fre/sdrf.htm

avait choisi d'établir les taux de change dans le respect de la parité des pouvoirs d'achat, aucun pays n'aurait eu besoin d'avoir des réserves en devises pour "racheter sa monnaie nationale sur les marchés des changes internationaux, au besoin, pour maintenir son taux de change". 2° Le système de parités fixes ne pouvait pas et ne peut pas tenir, car le taux d'évolution des prix, le taux d'inflation, n'est pas le même dans tous les pays. Les taux d'inflation varient, parfois de façon très importante, dans les différents pays. De ce fait, le système dit de parités fixes offre une occasion de prospérer aux spéculateurs qui n'hésitent pas à s'attaquer aux monnaies de certains pays. 3° La demande selon laquelle tout pays adhérent au système devait disposer de réserves officielles en or ou en devises largement acceptées avait fait apparaître plusieurs catégories de pays qui pouvaient constituer plus ou moins facilement ces réserves. Cette demande privilégie le pays dont la monnaie joue le rôle de monnaie internationale, car ses banques émettent tout montant de monnaie dont il a besoin pour déposer au FMI des réserves officielles. Cette demande ne posait pas de problème aux pays dont les monnaies étaient largement acceptées. Elle ne posait pas de problème, non plus, aux pays qui avaient des réserves en or ou en devises. En revanche, elle posait problème aux pays qui n'avaient ni réserves en or ni réserves en devises et dont les monnaies n'étaient pas largement acceptées. Cette dernière catégorie était constituée essentiellement des pays en développement, qui devaient emprunter sur le marché financier international pour constituer les réserves demandées. (Précisons que l'exigence de dépôt de monnaies largement acceptées a été abandonnée.) 4° La limite absolue du système actuel apparaît à travers le passage suivant : "Mais l'offre internationale de deux grands avoirs de réserve, l'or et le dollar, s'est révélée insuffisante pour étayer l'expansion du commerce et l'évolution financière auxquelles on assistait alors." L'économie internationale est une économie d'échange. Dans cette économie ce sont les ventes (les exportations) qui doivent financer les achats (les importations) et les ventes excédentaires (les exportations nettes) qui doivent financer les achats excédentaires (les importations nettes). En effet, par définition, les exportations dans leur ensemble sont toujours égales à l'ensemble des importations et les exportations nettes sont toujours égales aux importations nettes dans leur ensemble. Dans une économie internationale qui respecterait les règles normales de monétisation et de financement des échanges, on ne parlerait ni de besoin de réserves en devises ni d'insuffisance ni d'excédent de la liquidité internationale. (Pour plus de précision, cf. chapitre III, section II.) Mais le système monétaire et financier international actuel ne respecte pas ces règles, c'est pourquoi on est amené à raisonner en termes d'insuffisance ou d'abondance de réserves ou de liquidité internationale. En outre, si les taux de change étaient établis dans le respect de la parité des pouvoirs d'achat, il n'y aurait pas de spéculation possible sur les monnaies. En fait, si le système monétaire et financier international respectait les règles normales de financement des achats-ventes et des achats nets-ventes nettes, il ne serait pas nécessaire de constituer des réserves ni de créer des DTS.

Les crises sur les marchés monétaires et financiers internationaux ont pris une telle ampleur que le FMI, pour atténuer leurs effets, a été obligé de demander de nouveaux accords d'emprunt (NAE). Le FMI dispose de deux mécanismes multilatéraux d'emprunt permanents — les nouveaux accords d'emprunt (NAE) élargis et les accords généraux d'emprunt (AGE). "Le volume des NAE a été multiplié par deux en 2021 ; à l'heure actuelle, ils représentent une contribution de 364 milliards de DTS (soit 489 milliards de dollars) au total des ressources du FMI." Si le FMI estime que les ressources qu'il tire des quotes-parts pourraient être insuffisantes pour répondre aux besoins de ses États membres, en cas de crise financière grave par exemple, il peut recourir à ces mécanismes[5].

Le FMI répond aux besoins de ses États membres pour qu'ils puissent faire face aux crises financières. Mais en réalité les États, en tant que tels, ne sont pas directement concernés par ces crises. Ces crises concernent les banques et les institutions financières. Par conséquent, les prêts accordés aux États sont destinés à aider leurs banques et institutions financières touchées par ces crises. Ce qui nous amène à nous poser la question de savoir si le FMI est au service des pays ou au service d'une catégorie.

5 https://www.imf.org/fr/About/Factsheets/Where-the-IMF-Gets-Its-Money

1° Tout d'abord qui sont les véritables responsables des crises financières ? En fait, ces crises sont les conséquences de toutes sortes de spéculations et de négligences des banques et des institutions financières qui spéculent, prêtent à tout va et lancent des produits financiers toxiques, sans tenir compte des risques qu'elles prennent. Etant donné que les montants engagés dans ces opérations, même par les institutions financières, passent par les comptes des banques, celles-ci se trouvent être à l'origine de ces crises. Les crises financières sont devenues planétaires, car la mondialisation financière a engendré l'interdépendance des banques et des institutions financières de par le monde.

2° Est-ce que les crises financières affectent le montant de liquidité dont disposent les banques et les institutions financières considérées dans leur ensemble ? Sur le marché financier, il y a des acheteurs et des vendeurs de titres. Par définition, le montant des achats et des ventes est toujours égal. Pour un montant de liquidité donné et une quantité de titres donnée, lorsque le prix d'un ensemble de titres augmente, le prix d'un autre ensemble diminue proportionnellement. Si la quantité de titres ne varie pas, le prix des titres, considérés dans leur ensemble, augmente lorsque le montant de monnaie (de liquidité) sur ce marché augmente ; le prix des titres, considérés dans leur ensemble, diminue lorsque le montant de monnaie sur ce marché diminue. Sur le marché financier international le montant de monnaie augmente lorsque la liquidité internationale augmente. Elle augmente lorsque le pays dont la monnaie joue le rôle de monnaie internationale finance ses importations nettes avec la monnaie émise par ses banques, lorsque les banques américaines émettent de la monnaie pour financer le déficit de la balance commerciale des pays demandeurs, lorsque les banques américaines émettent de la monnaie pour satisfaire la demande de prêts de ceux qui interviennent sur les marchés monétaires, financiers, des matières premières et des produits alimentaires (essentiellement des spéculateurs) et lorsque les banques américaines émettent de la monnaie pour satisfaire la demande de prêts des banques d'autres pays et pour satisfaire la demande de prêts de ceux qui interviennent sur ces marchés. Sur le marché financier international, le montant de monnaie diminue lorsque la liquidité internationale diminue. Elle diminue dans le cas où le pays dont la monnaie joue le rôle de monnaie internationale réalise une balance commerciale excédentaire et lorsque le financement de son excédent est puisé dans la liquidité internationale. Or, depuis longtemps ce pays n'a pas réalisé de balance commerciale excédentaire, ce qui signifie que, dans ce cas, depuis longtemps, la liquidité internationale n'a pas diminué, elle a augmenté. Elle diminue lorsque les pays qui avaient réalisé une balance commerciale déficitaire, et l'avaient financée par la monnaie émise par les banques américaines, réalisent une balance commerciale excédentaire, lorsqu'ils sont payés par la liquidité internationale et qu'ils remboursent les banques américaines. Elle diminue lorsque les débiteurs des banques américaines, ayant bénéficié d'une émission de monnaie pour intervenir, directement ou indirectement, au niveau international, sur les marchés monétaires, financiers, des matières premières et des produits alimentaires, remboursent leurs dettes puisées dans la liquidité internationale.

En résumé, on peut dire que la liquidité internationale représente les créances et dettes des banques américaines qui ont satisfait, par une émission de monnaie, la demande de prêts de leur pays et des pays qui ont réalisé une balance commerciale déficitaire, des banques étrangères et de ceux qui voulaient intervenir sur les marchés monétaires, financiers, des matières premières et des produits alimentaires. Par conséquent, la défection de certains débiteurs, même si elle pénalise quelques banques, ne met pas en danger les banques américaines considérées dans leur ensemble. En effet, le montant de défection réalisé sur le compte de certaines banques se trouve sur le compte d'autres banques américaines. Il en résulte que ce sont les banques bénéficiaires qui doivent intervenir pour faire face aux difficultés des banques qui ont subi cette défection. Il apparaît clairement qu'il n'est nul besoin que le FMI, les États ou les Banques centrales interviennent pour aider les banques et les institutions financières qui n'ont pas pu récupérer leurs créances. En fait, dans ces interventions, seules les Banques centrales ont la possibilité d'émettre ou de demander aux banques de leur pays d'émettre de la monnaie, ce qui signifie que leur intervention augmente la quantité de monnaie en circulation dans chaque pays considéré. Leur intervention constitue donc une cause de prélèvements illégitimes. Quant au FMI et aux États, ils ont deux possibilités : emprunter sur le marché financier ou emprunter auprès des banques qui émettent de la monnaie. Dans le premier cas, ils puisent dans la liquidité internationale. Ce cas est favorable aux financiers, aux fraudeurs, aux trafiquants et aux criminels qui ont placé leur argent sur le marché financier. Dans le second cas, la liquidité internationale augmente ainsi que la quantité de monnaie dans les pays concernés, ce qui est aussi favorable aux financiers des entreprises, car la rémunération de leurs placements augmente grâce aux profits-inflationnistes, qui résultent de la dépense de la monnaie sur le marché des produits. Ces interventions permettent de sauver les banques et les institutions financières qui sont elles-mêmes à l'origine des crises que nous avons évoquées. Elles permettent de sauver la mise des grands financiers spéculateurs.

3° Le libéralisme est défendu par les dirigeants du FMI. Ces dirigeants doivent donc obliger les banques et les institutions financières qui ont pris des risques à assumer les conséquences de leurs actes. En effet, on ne voit pas pourquoi les entreprises, surtout petites et moyennes, qui réalisent des pertes, sont obligées de les assumer, alors que les grandes entreprises sont sauvées. Les petits spéculateurs et les spéculateurs non institutionnels prennent le risque de spéculer sur les marchés en engageant leurs propres fonds et les emprunts contractés auprès des banques et des institutions financières. Ils peuvent perdre leurs propres fonds sans recours. Ils peuvent perdre aussi les emprunts engagés. Dans ce cas, ils restent débiteurs des prêteurs qui ont pris le risque de leur accorder des prêts. Les banques et les institutions financières prennent le risque de spéculer sur les marchés en engageant leurs propres fonds et les dépôts qu'elles ont reçus. Elles prennent des risques, elles sont donc responsables des conséquences de leurs actes. Lorsqu'elles réalisent des gains, elles les gardent. Par conséquent, lorsqu'elles réalisent des pertes, elles doivent les assumer. Leurs pertes ne doivent donc être prises en charge ni par leur État ni par la Banque centrale de leur pays, ni par le FMI. L'ensemble de ces pertes n'a pas d'effet sur l'économie réelle. Il n'a pas non plus d'effet sur les montants engagés, car sur les marchés spéculatifs le montant qui est perdu par les uns est gagné par les autres. En fait, les aides financières accordées par les États, les Banques centrales et le FMI aux banques et institutions financières sont destinées à sauver leur mise et la mise de leurs créanciers. En outre, ces aides ont un effet pervers, puisque les banques et institutions financières qui prennent des risques pensent qu'elles pourront toujours récupérer leur mise grâce à l'intervention des États, des Banques centrales et du FMI. La perversité absolue de ces aides est la suivante : plus le montant représentant les risques pris par les banques et institutions financières, considérées dans leur ensemble, est important, plus elles sont certaines de tout récupérer.

4° Quelles sont les conséquences des aides accordées par les États, le FMI et les Banques centrales aux banques et institutions financières qui ont pris des risques et qui ont perdu une partie ou la totalité de leur mise ? Nous devons d'abord distinguer les aides accordées par les États et le FMI de celles accordées par la Banque centrale de chaque pays, ensuite nous en étudierons les conséquences. Les États, pour aider leurs banques et institutions financières, sont amenés à emprunter sur les marchés financiers, ce qui signifie que les marchés financiers, considérés dans leur ensemble, ne manquent pas de liquidité. Le FMI, pour aider les banques et institutions financières, fait appel à ses pays membres dans le cadre des nouveaux accords d'emprunt (NAE). Les pays qui répondent à cet appel sont essentiellement les pays qui ont placé les excédents de leur balance des paiements sur les marchés financiers ou dans les banques, qui elles-mêmes les ont placé sur ces marchés. Il apparaît donc clairement que les marchés financiers, considérés dans leur ensemble, ne manquent pas de liquidité. La Banque centrale de chaque pays, pour aider ses banques et institutions financières, émet de la monnaie. Or, la monnaie émise à cette fin déclenche une inflation-déséquilibre dans chaque pays concerné. La même conséquence, inflation-déséquilibre, se déclenche dans chaque pays dont les banques et institutions financières bénéficient de l'aide de l'État ou du FMI, dans le cas où la monnaie empruntée sur les marchés financiers est différente de la monnaie du pays qui bénéficie de cette aide. L'inflation-déséquilibre fait apparaître des profits inflationnistes. L'inflation-déséquilibre fait augmenter le profit des entreprises et donc les dividendes des actionnaires, au détriment du pouvoir d'achat réel du revenu de ceux qui l'ont obtenu grâce à leur participation à la réalisation de la production.

5° Les montants engagés par le FMI et la Banque mondiale se chiffrent par centaines de milliards de dollars [6] . Or, ces organisations internationales, même ensemble, n'ont jamais fait de tels efforts financiers, en une année, pour aider les pays en développement ni pour sauver la planète. Il semblerait que, telles qu'elles fonctionnent actuellement, ces organisations internationales attachent plus d'importance à l'avenir des marchés financiers, banques et institutions financières qui prennent des risques, qu'à la situation des centaines de millions de personnes qui vivent dans la misère[7] et à la dégradation de la planète.

Il résulte de cette démonstration qu'en dernière analyse ce sont les habitants de chaque pays concerné qui paient, à travers

---

6 "Les allocations générales de DTS doivent correspondre à un besoin global à long terme de compléter les avoirs de réserve existants. Les décisions de procéder à une allocation générale de DTS sont prises pour des périodes pouvant aller jusqu'à cinq ans, bien qu'il n'y ait eu jusqu'à présent que trois allocations générales. La première allocation générale, d'un montant total de 9,3 milliards de DTS, a été distribuée sur la période 1970–72, et la deuxième, de 12,1 milliards de DTS, sur la période 1979–81, pour un total de 21,4 milliards de DTS. Pour atténuer les effets de la crise financière, une troisième allocation générale de DTS, d'un montant de 161,2 milliards, est entrée en vigueur le 28 août 2009." (Source FMI : https://web.archive.org/web/20130131164526/http://www.imf.org/external/np/exr/facts/fre/sdrf.htm)

7 "Entre 1977 et 1981, les décaissements effectués dans le cadre du Fonds fiduciaire se sont élevés à 3,0 milliards de DTS (soit environ 3,8 milliards de dollars EU), et ceux qui ont eu lieu durant les opérations de la FAS, entre 1986 et décembre 1995, ont atteint 1,8 milliard de DTS (environ 2,4 milliards de dollars EU). De décembre 1987 à novembre 1999, 7,6 milliards de DTS (10,7 milliards de dollars EU environ) ont été décaissés au titre de 90 accords de confirmation au bénéfice de 52 pays. Au total, 56 pays à faible revenu ont bénéficié de l'assistance concessionnelle du FMI dans le cadre de la FAS et de la FASR, qui a donc touché près de un milliard de personnes, dont la moitié au moins survivaient avec moins de un dollar E.U. par jour." (Source FMI : https://web.archive.org/web/20160320115108/https://www.imf.org/external/np/exr/facts/fre/esaff.htm)

l'inflation-déséquilibre, le remboursement des créanciers des banques et institutions financières qui ont participé aux spéculations, déclenché les crises financières et réalisé des pertes. En outre, cette situation est favorable aux financiers des entreprises, comme nous l'avons vu.

Les crises financières sont inhérentes au fonctionnement du "système monétaire et financier international" actuel. Elles sont devenues récurrentes et se sont aggravées depuis la libre circulation des capitaux financiers et elles perdureront tant qu'une véritable réforme du système monétaire et financier international n'aura pas été mise en œuvre.

VI. Les réformes exigées par le FMI et les Programmes d'Ajustements Structurels

Les prêts du FMI sont généralement octroyés en tranches et sont conditionnés à l'établissement de Programmes d'Ajustements Structurels (PAS). Les PAS comprennent essentiellement les mesures suivantes :

- Réduire le déficit budgétaire de l'État.
- Privatiser les entreprises d'État.
- Laisser flotter la monnaie du pays concerné.
- Libéraliser le commerce destiné au marché international en réduisant les barrières protectionnistes.
- Réduire l'ampleur de la corruption gouvernementale.
- Éliminer les subventions.
- Adopter un cadre légal favorisant le respect des droits de propriété privés.

Nous devons étudier la portée et les limites des conditions évoquées, exigées par le FMI, afin de connaître les objectifs ou les arrière-pensées de ceux qui les ont proposées. Les interventions du FMI concernent essentiellement les pays dits industrialisés. C'est pourquoi, dans cette section, nous étudierons quelques-unes de ces conditions. Dans les chapitres consacrés à la Banque mondiale actuelle, nous étudierons d'autres conditions, qui concernent particulièrement les pays en développement, tout en approfondissant celles étudiées ici.

1° *Réduire le déficit budgétaire de l'État.* Selon les objectifs et les ambitions qu'ont les gouvernants pour leur pays et sa population, le budget de l'État peut être destiné à financer des rôles ou des fonctions plus ou moins vastes. Pour certains, le budget de l'État doit être limité à financer ses rôles régaliens[8]. Ils pensent qu'il suffit que l'État assure l'égalité des chances devant la loi et la sécurité intérieure et extérieure. Dans ce cas, l'État ne fait rien, par son budget, pour assurer l'égalité des chances pour entrer dans la vie active. Dans ces pays, il y aura, par exemple, une sélection par l'argent pour accéder à l'enseignement primaire, secondaire ou supérieur selon le revenu dont dispose chaque famille. Il y aura des familles qui ne pourront même pas assumer les frais de l'enseignement primaire, des familles, plus nombreuses, qui ne pourront pas assumer les frais de l'enseignement secondaire, des familles, encore plus nombreuses, qui ne pourront pas assumer les frais de l'enseignement supérieur. L'absence de cette égalité des chances favorise le renouvellement des classes sociales établies. Elle écarte ce qu'on appelle l'ascenseur social qui permettrait aux plus méritants d'accéder, par exemple, à des postes de responsabilité. Cette situation n'est bonne ni pour une grande majorité de la population ni pour le pays concerné. C'est pourquoi d'autres ne peuvent pas se satisfaire de cette situation et proposent d'aller plus loin. Pour eux, le budget de l'État doit aussi prendre en charge le financement de l'éducation et de la formation, par exemple, afin de donner une égalité de chances à tous, au moins au départ, pour entrer dans la vie active. Ils proposent, en outre, que le budget de l'État prenne en charge le financement des infrastructures pour favoriser les conditions de l'évolution économique du pays, pour favoriser l'accès à l'enseignement, à la culture, aux transports, etc. de l'ensemble de la population. On se trouve ainsi face aux deux philosophies de société concernant les rôles que doit assumer l'État à travers son budget. On le voit bien, dans les exigences du FMI à travers son programme d'ajustements structurels, le choix de l'application de l'une des deux philosophies n'est pas neutre.

---

8 Les rôles régaliens désignent des fonctions que l'État ne doit pas ou ne peut pas déléguer à des sociétés privées.

Précisons qu'il existe une différence fondamentale entre, d'une part exiger que l'État prenne des mesures pour écarter le gaspillage budgétaire, établir un budget rationnel et cohérent, d'autre part contraindre l'État à prendre des mesures pour diminuer son déficit budgétaire ou même souhaiter que l'État diminue son budget. La première exigence est hautement souhaitable, les gouvernants doivent l'appliquer. En revanche, la seconde n'est pas souhaitable, car elle se révèle être partisane. Elle défend et favorise certaines catégories, une minorité, au détriment d'autres catégories, la grande majorité de la population. Son application a des conséquences néfastes surtout sur le plan social et sur la cohésion du pays. En fait, les dirigeants du FMI ne cherchent pas à savoir pourquoi les pays industrialisés se sont trouvés à un certain moment dans une situation de déficit qui dure. Ils ont choisi de contraindre les États qui demandent son aide à diminuer leur déficit budgétaire, c'est-à-dire à diminuer le champ de ces interventions. Or, une organisation internationale doit défendre l'intérêt général. À cette fin, elle doit plutôt aider ces pays à rechercher les causes de leur déficit budgétaire et à comprendre pourquoi il dure.

Le déficit budgétaire des pays industrialisés a essentiellement deux causes : idéologique ou politique et économique. La cause idéologique est défendue par certains auteurs qui se disent économistes et par des hommes politiques qui considèrent les impôts, source du financement du budget de l'État, comme une diminution du pouvoir d'achat des ménages et des entreprises et comme une cause d'insuffisance de la demande globale. Certains disent même que trop d'impôt tue l'impôt. Étudions la portée et les limites de ces trois affirmations.

Il est vrai que les impôts diminuent le pouvoir d'achat direct de ceux qui les paient. Mais il faut voir qu'ils reçoivent en contrepartie les services rendus par l'exercice des rôles régaliens de l'État, par les infrastructures et, selon les pays, gratuitement ou semi gratuitement, les services rendus par l'éducation, la formation, la culture, etc. En outre, les défenseurs de la cause idéologique ou politique dont nous parlons ici sont contre l'un des rôles des impôts qui doit être d'écarter l'individualisme au bénéfice de la solidarité entre les habitants de chaque pays. Ils sont contre un autre rôle des impôts qui est de diminuer les écarts de revenus. Dans la plupart des pays industrialisés, l'impôt direct est proportionnel au revenu. Enfin, ces économistes et politiques ne se posent pas la question ou ne veulent pas savoir d'où vient le revenu des différentes catégories. En fait, dans toutes les économies, jusqu'à présent, il existe trois sortes de revenus : légitimes, indus[9] et illégitimes[10]. Ceux qui se lamentent parce qu'ils paient beaucoup ou trop d'impôts passent sous silence le fait qu'une partie ou la totalité de leur revenu est indu ou illégitime. Ces revenus constituent une sorte de vol légitimé, jusqu'à présent, par les systèmes politiques. Certes, il est vrai que les impôts n'écartent pas ces prélèvements, mais ils permettent au moins de rendre à la société une partie du revenu obtenu indûment ou illégitimement.

L'affirmation selon laquelle les impôts constituent une cause d'insuffisance de la demande globale est fausse. L'impôt collecté par l'État ne sort pas du circuit économique de chaque pays considéré. L'État réinjecte dans l'économie le montant prélevé en rémunérant ses agents, en réalisant des investissements, etc. Le budget de l'État financé par les impôts directs ou indirects et par les emprunts, dont la source est l'épargne des habitants du pays considéré, n'a aucun effet sur la demande globale. L'État peut être considéré comme une entreprise qui emploie des salariés et qui réalise des investissements. Il produit essentiellement des services mis gratuitement ou semi-gratuitement à la disposition de tous les habitants du pays.

L'affirmation selon laquelle trop d'impôts tue l'impôt n'a aucun fondement rationnel, elle est partisane. C'est un slogan lancé par les économistes néolibéraux et repris par certains hommes politiques. Ceux qui en parlent ne peuvent pas le définir objectivement, ni déterminer sa limite. Nous avons vu que dans la plupart des pays industriels l'impôt direct est proportionnel au revenu. Nous avons vu aussi que, dans ces pays, ceux qui paient le plus d'impôts sont ceux dont le revenu est formé, en totalité ou en partie, de prélèvements indus ou illégitimes. Pour ces catégories, le paiement de l'impôt, quel que soit son niveau,

---

9 Revenu indu : gagner de l'argent avec de l'argent.

10 Revenu illégitime : profit résultant de l'inflation-déséquilibre, conséquence de la dépense sur le marché des produits de la monnaie qui n'a pas été transformée en revenu.

permettrait de réparer une partie de l'injustice engendrée par ces prélèvements. En réalité, les auteurs et hommes politiques qui critiquent le niveau élevé des impôts défendent les catégories qui paient le plus d'impôts. Ils ne défendent ni l'intérêt général ni la réparation, même partielle, d'une injustice sociale.

Néanmoins il reste que les affirmations de ces auteurs et hommes politiques, colportées et martelées par les médias, ont influencé les gouvernants et toute une partie de l'opinion publique. C'est ainsi que les dirigeants de ces pays ont pris la décision de diminuer les impôts, et dans les pays industrialisés où le taux de croissance fléchissait, cette décision a fait apparaître le déficit budgétaire de l'État ou l'a aggravé.

La cause économique de l'apparition ou de l'aggravation du déficit budgétaire de l'État est due à la baisse des recettes et à l'augmentation des dépenses sociales. Cette situation est la conséquence de la baisse ou du fléchissement du taux de croissance, qui a pour corollaire l'aggravation de la situation de l'emploi et l'augmentation des dépenses sociales et sécuritaires de l'État. Nous l'avons vu, dans les pays industrialisés, la concurrence inégale sur le marché international engendre les délocalisations, qui constituent la principale cause de la baisse ou du fléchissement du taux de croissance.

Les dirigeants du FMI, au lieu de contraindre les pays à diminuer le déficit du budget des États, devraient œuvrer pour écarter les causes idéologiques ou politiques et économiques qui sont à l'origine de l'apparition ou de l'aggravation des déficits budgétaires. Pour écarter les délocalisations, ils devraient œuvrer pour que les taux de change soient établis dans le respect de la parité des pouvoirs d'achat. Ils devraient œuvrer pour que les pays qui réalisent un déficit budgétaire ne baissent pas leurs impôts mais plutôt les augmentent. Pour écarter les prélèvements illégitimes, ils devraient œuvrer pour que les pays réalisent une véritable réforme de leur système bancaire, afin que la monnaie émise ne soit pas destinée directement au marché des produits. Pour écarter les prélèvements indus, ils devraient œuvrer pour que le profit soit destiné à financer les investissements à l'intérieur du pays où il est réalisé et non pas à financer les délocalisations ou à être distribué.

2° *Privatiser les entreprises d'État.* Cette exigence est justifiée de la façon suivante : les privatisations permettent d'améliorer la gestion des entreprises concernées et/ou de faciliter la concurrence. Cette exigence du FMI établit une relation entre la gestion des entreprises et leur caractère privé ou public. Elle postule qu'une entreprise privée ou privatisée doit être forcément mieux gérée qu'une entreprise publique. Or, nous savons que, mis à part les entreprises individuelles et les petites entreprises qui sont dirigées par leurs propriétaires, les autres entreprises, privées ou publiques, sont dirigées par des entrepreneurs salariés de ces entreprises.

L'entreprise, qu'elle soit privée ou publique, doit être gérée rigoureusement afin que sa pérennité puisse être assurée. Ce sont les dirigeants, les entrepreneurs, de chaque entreprise qui ont la responsabilité d'assumer sa gestion (l'utilisation de ses ressources, les projets de son évolution, etc.). Ils sont donc responsables de la bonne ou de la mauvaise gestion de l'entreprise qu'ils dirigent. La mauvaise gestion d'une entreprise met en cause ses dirigeants (incompétents ou corrompus), qui doivent être sanctionnés et remplacés. Concernant les entreprises privées, cette décision est prise par les propriétaires ou actionnaires des entreprises. En ce qui concerne les entreprises publiques, cette décision doit être assumée par les dirigeants politico-économiques de chaque pays concerné. Dans les pays où les dirigeants n'assument pas leurs responsabilités dans ce domaine, c'est-à-dire s'ils ne prennent pas les décisions qui s'imposent, c'est le système politique qui est gangrené et/ou cc sont les dirigeants politico-économiques qui sont incompétents ou corrompus. Dans ces cas-là, il n'est pas certain que la privatisation des entreprises soit plus favorable au pays et aux habitants, comme nous le verrons.

En outre, deux remarques importantes s'imposent. Premièrement, le FMI n'exige pas uniquement la privatisation des entreprises qui sont mal gérées. Pour venir en aide aux pays demandeurs d'aide, il exige qu'ils privatisent leurs entreprises publiques d'une façon générale. Deuxièmement, dans les économies actuelles, le principal critère pour juger de la bonne ou mauvaise gestion d'une entreprise est son taux de profit ou, pour les entreprises privées, le taux de rentabilité des placements qui y sont réalisés. Les dirigeants des entreprises privées sont prêts à tout pour améliorer le taux de rentabilité, par exemple par des licenciements, par des mensonges sur la qualité de leurs produits (Volkswagen, septembre 2015), etc. Comment croire que l'exigence du FMI de privatiser même les entreprises qui sont bien gérées n'est pas partisane.

Rappelons tout de même que, dans une économie où il est possible de gagner de l'argent avec de l'argent, il existe une véritable différence entre les entreprises privées et publiques. Dans le cas des entreprises privées, une partie ou la totalité du profit est destiné à être distribué à leurs propriétaires ou actionnaires, ce qui signifie que le profit distribué échappe aux investissements et donc ne profite pas à l'immense majorité de la population de chaque pays concerné. Dans le cas des entreprises publiques, le profit est investi ou alimente le budget de l'État. Dans ce deuxième cas, le profit profite à l'ensemble de la population de chaque pays concerné. Il apparaît clairement que l'exigence de privatiser les entreprises publiques est une exigence partisane menée en faveur des financiers.

Dans les pays où la libre circulation des capitaux financiers n'est pas établie, les entreprises destinées à être privatisées sont achetées par les catégories qui ont la capacité d'épargner et/ou surtout par les protégés des gouvernants (par exemple, les financiers qui ont financé les élections des dirigeants). La distribution du profit permet à leurs propriétaires ou actionnaires de gagner de l'argent avec de l'argent. Mais il n'est pas certain que ces acheteurs puissent mettre en place des gestionnaires plus compétents que ceux qui étaient nommés par les gouvernants lorsque les entreprises étaient publiques. Dans les pays où la libre circulation des capitaux financiers est établie (l'une des autres exigences du FMI), les entreprises privatisées sont achetées par les catégories qui ont une capacité à épargner, par les protégés des gouvernants du pays considéré et par les fonds qui viennent du "marché financier international" (parmi lesquels on pourrait trouver des fraudeurs, mafieux et de criminels). Prenons un exemple pour connaître l'une des conséquences de cette privatisation. Supposons que les fonds de pension du pays A financent l'achat des entreprises privatisées du pays B. Dans ce cas, ce sont les profits distribués par les entreprises du pays B qui financent les pensions des retraités du pays A. Ce sont donc les travailleurs du pays B qui financent les pensions des retraités du pays A. Cet exemple permet de constater l'une des perversions de l'application de ces deux exigences du FMI, à savoir la combinaison de la libre circulation des capitaux financiers et de la privatisation des entreprises publiques.

Pour bien faire comprendre que la justification de mauvaise gestion, qui fonde l'exigence de privatisation des entreprises publiques, n'a pas de fondement réel, évoquons quelques cas de privatisation en France. Depuis une trentaine d'années, les divers gouvernements français, sous différents prétextes, ont privatisé en partie les entreprises telles que : la régie Renault, EDF, GDF, les Télécommunications, EADS, les autoroutes, les banques, etc., qui étaient les fleurons des entreprises françaises. Depuis leur privatisation, ces entreprises, au lieu d'utiliser la totalité de leurs profits à financer leurs investissements, distribuent une partie de ces profits à leurs actionnaires. Cette distribution diminue proportionnellement leurs possibilités propres de financer des investissements. Ces privatisations françaises permettent de mettre en évidence l'emprise de la pensée néolibérale sur les dirigeants politico-économiques, au niveau national comme au niveau international, et cela sous l'influence des financiers.

Depuis l'entrée en vigueur de la libre circulation des capitaux financiers exigée par le FMI et de la libre circulation des marchandises exigée par l'OMC, les entreprises des pays industrialisés, surtout privées ou privatisées, ont été amenées, pour améliorer leur taux de rentabilité, à diminuer le nombre de leurs salariés (du fait de la concurrence inégale), à délocaliser leur production ou à utiliser leur profit pour réaliser des investissements dans d'autres pays. Certaines entreprises privatisées sont achetées uniquement pour que la renommée de leur marque ou pour que leurs brevets puissent être utilisés ailleurs. La production de ces entreprises est peu à peu délocalisée jusqu'à la fermeture définitive de l'entreprise dans le pays de leur origine. Or, nous avons vu que ces décisions ne sont favorables ni à ces pays ni à leurs habitants, elles ne sont favorables qu'aux financiers de ces entreprises.

3° *L'exigence de laisser flotter les monnaies* s'adresse à tous les pays, mais elle est imposée particulièrement aux pays qui souhaitent bénéficier des prêts accordés par le FMI. Ce dernier voudrait que soit généralisée la détermination des taux de change sur le marché par l'offre et la demande de la monnaie de chaque pays. Or, nous l'avons vu, les taux de change ainsi établis sont arbitraires, il en est de même des taux de change fixes. Dans ce cas, on ne voit pas pourquoi le FMI exige des pays de laisser flotter leur monnaie. En fait, cette organisation internationale devrait tout faire pour que les taux de change soient établis dans le respect de la parité des pouvoirs d'achat, afin que les échanges, sur le marché international, se réalisent dans l'équivalence. Les taux de change flottants favorisent les spéculations sur les monnaies et ces spéculations peuvent coûter très cher aux pays dont les monnaies sont attaquées. En outre, les taux de change flottants et les spéculations entretiennent un climat d'incertitude pour les importateurs et exportateurs. En fait, les taux de change flottants ne sont favorables qu'aux grands spéculateurs ou aux grands financiers.

4° *Réduire l'ampleur de la corruption gouvernementale*. La corruption est une gangrène et une entrave au fonctionnement normal d'une économie, d'une société et d'un pays. Les gouvernants corrompus accordent des privilèges aux plus offrants et accaparent avec leurs protégés et ceux qui les corrompent une partie des ressources économiques et financières de leur pays. De tels gouvernants ne sont donc pas au service de leur pays ni de sa population. Non seulement ils ne donnent pas le bon exemple, mais ils font obstacle à l'évolution normale et harmonieuse de leur pays. En outre, la corruption gouvernementale ouvre la voie à la corruption à tous les niveaux. La corruption généralisée ne peut pas être combattue facilement et véritablement, car ceux qui ont la responsabilité de la combattre sont, eux-mêmes, des corrompus. Réduire l'ampleur de la corruption est donc nécessaire et hautement souhaitable et le FMI a parfaitement raison sur ce point. Dénoncer la corruption des gouvernants et des agents de l'État doit permettre d'éveiller la conscience de la population. Cette prise de conscience permettrait d'encourager et d'aider aussi certains journalistes et politiques à dénoncer et à combattre la corruption et les gouvernants corrompus. Mais la corruption embrasse un spectre beaucoup plus large. Par exemple, le FMI passe sous silence le pillage de certains pays, les prélèvements illégitimes réalisés dans tous les pays. Il légitime et favorise les prélèvements indus partout dans le monde. Or, ces pillages et ces prélèvements constituent les principales causes de la misère relative ou absolue dans tous les pays.

Une autre sorte de corruption que le FMI semble oublier aussi est le financement par certaines catégories des partis politiques ou des compagnes électorales des candidats aux postes de responsabilité les plus élevés. Les élus de ces partis et ces candidats une fois élus seront les obligés des catégories qui, par leurs largesses, auront favorisé leur élection. De tels élus cherchent le pouvoir pour le pouvoir et pour défendre les intérêts de ceux qui les ont aidés financièrement à arriver au pouvoir. De tels élus ne sont donc ni au service de leur pays ni au service de sa population.

VII. La réforme des systèmes bancaires nationaux exigée par le FMI

Le fonctionnement des systèmes bancaires nationaux a été et est toujours à l'origine des prélèvements illégitimes, du dysfonctionnement de l'économie et des crises financières. Ces conséquences néfastes sont dues au fait que leur fonctionnement est régi par des règles arbitraires. Il faut donc les réformer. Mais il existe deux sortes de réformes : celles dont l'objectif est d'imposer aux banques le respect des règles qui assurent leur fonctionnement normal, sans entraver le fonctionnement harmonieux de l'économie ; celles dont l'objectif se révèle partisan.

Les dirigeants du FMI préconisent une réforme du système bancaire national qui concerne essentiellement la libéralisation du système financier intérieur. Ils pensent qu'un pays doté d'un système financier intérieur entièrement libéralisé pourrait passer presque immédiatement et en toute confiance à la libéralisation complète des mouvements de capitaux (cf. "La libéralisation des mouvements de capitaux", Dossiers économiques n° 17, FMI, 1999[11]).

---

11 https://www.imf.org/external/pubs/ft/issues/issues17/fre/index.htm

Ils font donc croire que les pays qui appliqueraient cette réforme échapperaient ou résisteraient mieux aux conséquences néfastes des crises financières internationales. Mais, par ces pronostics et cette demande de réforme, les dirigeants du FMI admettent que ces crises sont toujours possibles. En fait, elles sont inhérentes à l'existence du marché financier international. Ces crises prennent de plus en plus d'ampleur et touchent de plus en plus de pays au fur et à mesure qu'augmente le nombre des pays qui acceptent la libéralisation complète des mouvements de capitaux. C'est à travers les banques qui satisfont la demande de prêts et où est déposée la liquidité internationale que les établissements financiers et les spéculateurs de chaque pays alimentent et animent le marché financier international. Or, on ne voit pas comment les dirigeants du FMI peuvent établir une relation entre la libéralisation complète des mouvements de capitaux et la diminution des risques de crises financières au niveau international. On ne voit pas pourquoi les crises financières au niveau international épargneraient les pays qui acceptent de libéraliser les mouvements des capitaux. En fait, la réforme exigée par le FMI revient à permettre aux banques d'appliquer la règle de la libéralisation complète des mouvements de capitaux. Mais la libre circulation des capitaux n'est compatible ni avec les règles qui assurent le fonctionnement normal des banques et de l'économie nationale, ni avec les règles qui assurent le fonctionnement harmonieux de l'économie internationale

C'est pourquoi les pays qui ont réalisé la réforme bancaire n'ont pas échappé aux crises financières survenues après qu'ils eurent réalisé la réforme demandée par le FMI. Même les pays précurseurs de la libre circulation des capitaux financiers n'ont pas échappé aux crises financières. La crise financière qui a commencé en 2007 en est l'un des exemples. Certains disent que cette crise est l'une des plus importantes depuis 1929 et même depuis 1873. Or, l'ampleur de cette crise est l'une des conséquences de la libre circulation des capitaux financiers (l'une des exigences du FMI), qui a entraîné une mondialisation du marché financier de plus en plus vaste. Nous l'avons vu, les crises financières sont inhérentes au fonctionnement du système monétaire et financier international actuel. La libéralisation des mouvements de capitaux a engendré une interdépendance planétaire des banques et institutions financières. Cette interdépendance fait craindre que la faillite de quelques banques et institutions financières déclenche une faillite en cascade des établissements bancaires et financiers à travers le monde.

En outre, d'aucuns font croire que les crises financières affectent l'économie réelle et donc que les crises financières internationales affectent l'économie réelle mondiale. Pour écarter ce risque de faillite et les effets de ces crises sur l'économie réelle, il faudrait donc exiger que les États, les Banques centrales et le FMI interviennent afin de sauver les banques et les institutions financières durement touchées par les crises financières. Les obligés des financiers, souhaitant améliorer la rentabilité de leurs placements, disent que la crise de 2007 en a engendré une autre : la crise de la liquidité. Ils souhaitent ainsi que les Banques centrales et le FMI interviennent pour augmenter la liquidité. Pour écarter le risque de faillites en cascade des établissements bancaires et financiers à travers le monde et augmenter la liquidité, les Banques centrales et le FMI sont intervenus et ont acheté les actions risquées de ces établissements.

En fait on ne comprend pas à quoi jouent les dirigeants du FMI. D'une part ils exigent la réforme des systèmes bancaires nationaux et la libre circulation des capitaux financiers. D'autre part ils n'écartent pas les risques de crises financières planétaires et ils font peur en disant que les crises financières affectent l'économie réelle. Enfin, ils exigent que les États, les Banques centrales et le FMI lui-même interviennent pour sauver les banques et institutions financières touchées par ces crises, alors qu'elles sont à l'origine de ces crises.

Trois remarques importantes s'imposent. L'une concerne la réforme bancaire et la libre circulation des capitaux financiers exigées par le FMI. Les deux autres concernent la relation que certains pensent pouvoir établir entre les crises financières et leurs effets sur l'économie réelle.

Premièrement, la réforme bancaire exigée par le FMI entre dans le cadre de la déréglementation, qui a été imposée par les néolibéraux. Le décloisonnement du système bancaire constitue l'une des conséquences de la déréglementation, l'un des éléments de cette réforme. Le décloisonnement du système bancaire aggrave la confusion qui existait déjà entre le rôle monétaire et le rôle financier du système bancaire. Elle aggrave donc les prélèvements illégitimes. Cette réforme et la libre circulation des capitaux financiers accentuent la financiarisation de l'économie, augmentent les spéculations sur le marché financier mondial et le risque d'apparition des crises financières planétaires. Or, la distinction absolue du rôle monétaire et du rôle financier du système bancaire constitue le principal élément exigé par ce que serait la véritable réforme de ce système. Et la libre circulation des capitaux financiers va à l'encontre des règles du fonctionnement normal de l'économie nationale et de l'économie internationale.

Deuxièmement, les crises financières n'ont aucun effet sur l'économie réelle. Par définition, les relations financières concernent les créances et les dettes, donc les relations entre créanciers et débiteurs. Par conséquent, les crises financières ne concernent nullement l'économie réelle. Supposons que dans un pays les entreprises réalisent une production de 100 UP (UP = unité de produit) et qu'elles rémunèrent les travailleurs pour 100 UM (UM = unité de monnaie). Dans ce pays le produit national est de 100 UP et le revenu national de 100 UM. Par la vente de leurs produits, les entreprises récupèrent 100 UM, qui correspondent au montant qu'elles ont distribué pour monétiser la production. Supposons que dans ce pays existent deux ensembles de titulaires de revenu et que chaque ensemble gagne 50 UM. Le premier ensemble dépense 25 UM sur le marché des produits et épargne 25 UM, qui sont prêtées au deuxième ensemble. Ainsi le deuxième ensemble dépense 75 UM sur le marché des produits. Les entreprises considérées dans leur ensemble, par la vente de leurs produits, récupèrent 100 UM, qui correspondent au montant qu'elles ont distribué. Dans cet exemple, le marché financier fait apparaître une créance du premier ensemble (soit 25 UM) et une dette équivalente du deuxième ensemble (soit 25 UM). Il apparaît clairement que si les débiteurs n'honorent pas leurs dettes (en partie ou en totalité), cela fait apparaître un problème entre les créanciers et les débiteurs, directement ou par l'intermédiaire des organismes financiers, mais cette situation n'a aucun effet sur l'économie réelle. En effet, les entreprises considérées dans leur ensemble ont déjà, par la vente de leurs produits, récupéré les

100 UM qui correspondent au montant qu'elles ont distribué. Elles peuvent donc continuer leurs activités de production, de distribution et de vente. En réalité, ceux qui affirment que les crises financières ont des effets sur l'économie réelle sont les organismes financiers, les financiers et leurs obligés. Ils ont pour objectif d'obtenir l'intervention des États, des Banques centrales et du FMI pour récupérer leur mise.

Troisièmement, au niveau international, il faut distinguer deux sortes de crises financières.

Le premier cas concerne l'absence de libre circulation des capitaux financiers. Dans ce cas, sur le marché financier international existe uniquement la liquidité internationale qui résulte des faux paiements résultant eux-mêmes du fonctionnement du système monétaire et financier international actuel. Autrement dit, les pays qui réalisent des balances commerciales excédentaires placent leurs excédents dans les banques à travers le monde. Les pays titulaires de la liquidité ou les banques où est déposée cette liquidité spéculent sur divers marchés et les spéculations font apparaître des gagnants et des perdants. Certains parlent de crises financières lorsque les pertes des spéculateurs sont importantes. Mais, nous l'avons vu, cette situation n'a pas d'effet sur la liquidité internationale, car le montant perdu par les uns est gagné par les autres. Elle n'a pas non plus d'effet sur l'économie réelle des pays, car la liquidité internationale qui entre dans la spéculation n'a aucune relation avec l'économie réelle des pays.

Le deuxième cas se place dans le cadre de l'existence de la libre circulation des capitaux financiers. Dans ce cas, les financiers, les tricheurs, les fraudeurs, les mafieux et les criminels des pays qui ont accepté la libre circulation des capitaux financiers peuvent placer leur argent dans les banques à travers le monde, certains disent placer sur le marché financier international. Ce ne sont alors pas les spéculations et les crises financières qui en résultent qui sont à l'origine des problèmes sur les économies réelles des pays concernés. En fait, ce sont les placements, dans les banques à travers le monde, des financiers, des tricheurs, des fraudeurs, des mafieux et des criminels de ces pays qui sont responsables de ces problèmes. En effet, ces placements engendrent une insuffisance de la demande globale dans les pays concernés. Autrement dit, l'origine des problèmes qui pèsent sur l'économie réelle de ces pays est à rechercher dans la libre circulation des capitaux financiers. Par conséquent, et en dernière analyse, c'est le FMI qui est le responsable de ces problèmes car il prône la libre circulation des capitaux financiers.

Chapitre II

La Banque mondiale actuelle n'est ni indépendante ni neutre et elle n'a pas de moyens propres, ce n'est pas une véritable banque

I. Introduction

La Banque Internationale pour la Reconstruction et le Développement (BIRD), généralement appelée Banque mondiale, a eu pour objet initial d'aider les pays détruits lors de la Seconde Guerre mondiale à reconstruire leurs infrastructures économiques. Depuis sa création en 1944, la Banque mondiale s'est élargie pour passer d'une seule institution à un groupe de cinq organismes de développement et sa mission a elle aussi évolué. Elle a désormais pour mandat de réduire la pauvreté dans le monde au côté de son institution affiliée, l'Association internationale de développement (IDA), et des autres membres du Groupe de la Banque mondiale, la Société financière internationale (IFC), l'Agence multilatérale (MIGA) et le Centre international pour le règlement des différends relatifs aux investissements (CIRDI).

Il est important de préciser que ce sont les dirigeants de chaque pays qui sont les premiers responsables de la réussite ou de l'échec du développement et de la sortie de la pauvreté de la population de leur pays. La Banque mondiale a pour mission d'aider les pays qui en ont besoin à sortir de la pauvreté en facilitant et en favorisant les conditions de la réalisation du développement économique de ces pays. Toutefois, il ne suffit pas qu'un pays se développe, encore faut-il que son développement profite proportionnellement à sa population et en cela, après 75 ans d'existence, la Banque mondiale peut et doit être considérée comme l'une des responsables de l'échec du développement et de la sortie de la pauvreté de la population de la plupart des pays.

Les causes de la pauvreté, relative ou absolue, sont les mêmes partout dans le monde. C'est le niveau de la production par habitant, ce sont les prélèvements indus, les prélèvements illégitimes, le chômage, les échanges internationaux inégaux et le pillage, par la force ou par la ruse, de chaque pays concerné. Le niveau de la production ou pouvoir d'achat réel moyen par habitant dans chaque pays dépend du niveau de développement de son économie. Il dépend d'abord du niveau de la mise en valeur et de l'utilisation de ses ressources humaines et naturelles, dont les terres cultivées et potentiellement cultivables, ensuite de l'utilisation de ses moyens techniques et financiers. Les prélèvements indus sont les conséquences de l'application de règles arbitraires. Jusqu'à présent, les règles qui régissent le fonctionnement de l'économie ont été établies arbitrairement par les autorités politiques, par les autorités dites morales ou par des théories sans fondements rationnels, dont la théorie actuellement dominante. Les prélèvements illégitimes sont réalisés par la force ou sont l'une des conséquences du fonctionnement des systèmes bancaires nationaux régis par des règles arbitraires, règles établies par la théorie actuellement dominante. Le chômage est dû à l'insuffisance des investissements dans chaque pays concerné. Les échanges internationaux inégaux sont l'une des conséquences des taux de change arbitraires. Le pillage de certains pays se fait par la force (guerre, colonisation, etc.) ou par l'application de taux de change très arbitraires, ce que j'appelle le pillage par la ruse. Cette sorte de pillage est moins coûteuse, moins voyante et moins douloureuse, mais au moins aussi efficace que le pillage par la force. La Banque mondiale actuelle légitime les prélèvements indus, passe sous silence les prélèvements illégitimes, les taux de change arbitraires et le pillage des pays en développement. Elle se contente d'évoquer le taux élevé du chômage dans ces pays, mais elle ne propose pas de véritables remèdes. Pour masquer les conséquences néfastes des taux de change arbitraires, elle répand et entretient une affirmation fausse selon laquelle la main-d'œuvre est moins chère dans les pays en développement que dans les pays industrialisés.

La main-d'œuvre semble être moins chère, mais en réalité c'est un leurre dû uniquement à des taux de change arbitraires.

Quant à la relation entre l'augmentation de la production et la diminution de la pauvreté, c'est aussi un leurre. Les dirigeants de la Banque mondiale font croire qu'il suffit d'augmenter la production d'un pays pour y faire diminuer et éradiquer la pauvreté. Or, s'il est vrai que la diminution de la pauvreté dans un pays passe par le développement de son économie, en revanche, il n'est pas vrai que le développement d'un pays aboutisse toujours à la diminution proportionnelle de la pauvreté, relative ou absolue, dans ce pays, ce que nous verrons. En fait, les dirigeants de la Banque mondiale sont influencés par une idée fausse, mais largement répandue, idée selon laquelle l'enrichissement, même excessif, de certaines catégories favorise l'enrichissement de tous. Ces dirigeants ignorent ou se moquent de l'une des lois économiques : loi selon laquelle pour qu'il y ait des riches, il faut qu'il y ait des pauvres. En d'autres termes, l'enrichissement de certaines catégories, lorsqu'il dépasse l'évolution proportionnelle de la production, se réalise au détriment d'autres catégories. Les dirigeants de la Banque mondiale ignorent peut-être que la pauvreté est un problème relatif.

En ce qui concerne l'objectif de la Banque mondiale, qui est de faire sortir de la pauvreté les pays les moins avancés économiquement et les pays en développement, plusieurs questions se posent : Quel modèle de développement est proposé par les experts de la Banque mondiale ? Ce modèle est-il le seul possible, est-il viable ? Quels modes de financement sont proposés par la Banque mondiale actuelle à ces pays ? Ces modes conviennent-ils à l'ensemble de ces pays ? Pourquoi la Banque mondiale a-t-elle choisi ces modes de financement ? Quelles sont les conditions préalables nécessaires pour favoriser l'entrée dans l'ère du développement ? La Banque mondiale a-t-elle tenu compte de l'ensemble de ces conditions ? L'augmentation de la production dans ces pays profite-t-elle proportionnellement à leurs populations ?

Les fautes commises par la Banque mondiale, qui a échoué dans sa mission et n'a pas réussi à aider les pays en développement à sortir de la pauvreté sont multiples :

1° Jusqu'à une date récente, les dirigeants de la Banque mondiale ne considéraient pas le secteur de l'enseignement (l'éducation à tous les niveaux, la formation et la recherche) comme une priorité absolue, ni comme l'une des conditions préalables pour entrer dans l'ère du développement soutenu. Ils ne voulaient pas comprendre que la première richesse d'un pays est sa ressource humaine, qu'il faut mettre en valeur. Ils ne voulaient pas comprendre que la mise en valeur des ressources humaines est nécessaire pour exploiter et utiliser rationnellement les autres ressources de ces pays. Ils ne voulaient donc pas comprendre la nécessité d'établir la relation entre l'enseignement et le développement soutenu. Ils ne voulaient pas comprendre que, sans l'enseignement généralisé à tous les niveaux, l'entrée dans l'ère du développement est hypothéquée. Ils ne voulaient pas comprendre que, pour diminuer l'écart de développement entre les pays industrialisés et les pays en développement, il faut utiliser des techniques de production de plus en plus évoluées et sophistiquées. Ils ne voulaient pas comprendre que, pour utiliser des techniques de production de plus en plus évoluées et sophistiquées, il faut que les travailleurs de ces pays soient formés à tous les niveaux.

2° La Banque mondiale a relégué au second plan le développement du secteur agricole. Or, c'est l'indépendance alimentaire d'un pays qui constitue l'une des conditions de sa véritable indépendance politique. En outre, le développement de ce secteur est favorable à l'emploi. Par ailleurs la Banque mondiale ne s'est pas opposée à deux événements importants survenus ces dernières années : d'une part l'utilisation dans ces pays de terres cultivables pour des produits destinés à l'exportation, d'autre part l'achat de terres cultivables dans ces pays par des entreprises et des pays étrangers. Ces deux événements mettent en danger l'indépendance alimentaire des pays concernés à court ou à moyen terme et ils sont porteurs de conflits à l'intérieur de ces pays et entre les pays vendeurs et acheteurs de terres à moyen ou à long terme. Les dirigeants des pays concernés et les dirigeants de la Banque mondiale qui ont laissé faire sont responsables et coupables de ces faits lourds de conséquences prévisibles.

3° La Banque mondiale n'a ni exigé ni favorisé l'établissement de la protection sociale dans ces pays. Une telle protection aurait pu améliorer le niveau de la santé, diminuer les inégalités devant les aléas de la vie et diminuer les charges pesant sur le budget de ces États.

4° La Banque mondiale n'a ni exigé ni favorisé le développement du secteur de la collecte des impôts dans ces pays. Cette collecte aurait permis d'augmenter les recettes des États, de diminuer le déficit budgétaire et de diminuer ou même d'écarter les prélèvements illégitimes dus au financement monétaire du déficit budgétaire de ces États. Elle aurait permis aussi de diminuer les écarts de revenus qui sont très importants dans certains de ces pays et qui sont une source de conflits.

5° La Banque mondiale n'a pas proposé de véritable projet ou plan de développement qui tiendrait compte, d'une part des ressources humaines, naturelles et techniques dont dispose chacun de ces pays, de leur mise en valeur et de leur emploi ou utilisation rationnelle, d'autre part des limites des ressources naturelles épuisables, tout en préservant les ressources naturelles dégradables.

6° Au nom du marché considéré comme un puissant régulateur , la Banque mondiale a laissé signer, par les pays en développement, des contrats d'exploitation et même d'exportation de leurs ressources naturelles, le plus souvent au détriment de ces pays sur le plan de la santé des travailleurs qui travaillent dans ces secteurs, sur le plan financier et sur le plan environnemental (exemples : dévastation des forêts, pollution des terres due à l'exploitation des minerais, etc.).

7° La Banque mondiale n'a pas mis à la disposition de ces pays les moyens nécessaires pour contrôler et planifier la destination et l'utilisation des ressources financières qu'ils tirent de l'exploitation et de l'exportation de leurs ressources naturelles. Par exemple, les dirigeants de certains de ces pays et leur entourage accaparent une grande partie de ces ressources financières. C'est l'une des raisons pour lesquelles on trouve sur les comptes des banques étrangères de certains de ces dirigeants, souvent après leur mort, des sommes considérables. Pour certains de ces pays, ces sommes représentent l'équivalent des déficits cumulés de leurs balances commerciales ou de leur dette extérieure.

8° Durant plusieurs décennies, la Banque mondiale a favorisé le financement du développement par l'endettement dont nous verrons les limites et les conséquences néfastes.

9° Depuis un certain temps, la Banque mondiale veut favoriser le développement par l'implantation d'entreprises dites multinationales dans ces pays. Nous verrons également les conséquences désastreuses de ces implantations.

10° La Banque mondiale préconise la suppression des subventions des États aux produits de première nécessité. Les dirigeants de cette organisation internationale ne se posent pas la question de savoir quelles sont les causes qui rendent nécessaires ces subventions et qui sont les suivantes : les inégalités de revenus, la corruption qui concerne surtout des dirigeants, le chômage, l'absence de protection sociale (maladie, retraite, accidents de travail, indemnisation des chômeurs, etc.) et le pillage de ces pays.

11° L'exigence de l'application d'une grande partie des demandes introduites dans les ajustements structurels a des objectifs partisans et des conséquences néfastes pour ces pays et leur population, ce que nous verrons.

12° La Banque mondiale a laissé aux pays en développement le choix d'un modèle de développement fondé sur l'exploitation et l'utilisation des ressources naturelles épuisables et dégradables.

13° La Banque mondiale a soutenu un modèle de développement qui aggrave les inégalités de revenus et donc les inégalités sociales à l'intérieur de ces pays.

Toutes ces fautes peuvent être classées en quatre catégories. Celles dues au fonctionnement du système monétaire et financier international actuel, ce qui signifie que la Banque mondiale est prisonnière de ce système. Celles dues aux exigences idéologiques dont l'application fait apparaître des gagnants et des perdants. Celles dues à l'incompétence des dirigeants de cette organisation internationale. Enfin, celles dues aux combinaisons des trois causes précédentes. C'est l'ensemble de ces fautes qui n'a pas permis à certains pays de sortir du sous-développement et de vaincre la pauvreté. Et on peut constater une aggravation des inégalités économiques même dans les pays où le niveau de la production a augmenté substantiellement.

L'absence de perspectives d'avenir pour une partie de la population de ces pays et l'aggravation des inégalités de revenus, autrement dit la pauvreté absolue ou relative constituent les principales causes de l'immigration économique que l'on voit s'accentuer dans toute l'Europe. Dans mon ouvrage intitulé : *Etude économique et géopolitique du développement* (2003) ; Ed. L'Harmattan, j'écrivais : "Nous sommes persuadé que, si l'écart entre les pouvoirs d'achat réels des pays en développement et des pays industriels s'aggrave, (et il s'est aggravé d'après le Rapport sur le développement humain dans le monde 2000-2001 de la Banque Mondiale, cet écart a doublé au cours des 40 dernières années) et malheureusement il s'aggravera encore si des décisions importantes ne sont pas prises en faveur des pays en développement, d'ici quelques dizaines d'années les pays industriels trouveront à leurs frontières, sur les mers et les océans, des centaines de milliers de personnes qui tenteront, au péril de leur vie, d'échapper à la misère qui les frappe dans leur pays d'origine. La responsabilité de cette situation incombe à l'ensemble des dirigeants des pays en développement, des pays industrialisés et des organisations internationales qui ont ou qui auront manqué à leur devoir dans ce domaine, car ils n'auront pas pris les bonnes décisions et n'auront pas créé les conditions pouvant favoriser l'évolution économique des pays en développement." Mes prévisions se sont hélas réalisées.

Les révolutions dites de "printemps" (je dirais que ce sont plutôt des révoltes) survenues dans certains pays étaient le fait de peuples en révolte contre la pauvreté, le chômage, l'absence de perspectives d'avenir pour les jeunes et contre les dirigeants corrompus de ces pays. Toutefois, ces révolutions ou révoltes ne pouvaient pas donner de résultats probants. Elles ont été ou seront récupérées par des démagogues, par ceux qui voudraient préserver leurs privilèges ou par la combinaison des deux. En effet, par exemple, sur le plan économique, ceux qui sont à l'origine de ces révoltes n'ont pas de véritables remèdes à proposer pour résoudre les problèmes de la pauvreté, du chômage, etc. dans leur pays. Ils sont déjà ou seront vite influencés par la théorie actuellement dominante dont l'application n'a pas permis et ne permettra pas d'écarter ces maux. Les organisations internationales (le FMI et la Banque mondiale), même si elles tentent de les aider, pour les mêmes raisons, proposeront les mêmes remèdes qui donneront les mêmes résultats. Or, de véritables remèdes existent, il faut les faire connaître et les faire appliquer (cf. chapitre III).

II. Aides financières de la Banque mondiale aux pays en développement et aux pays les moins avancés économiquement

Pour favoriser le développement et la sortie de la pauvreté il faut favoriser les conditions de la réalisation de l'évolution économique des pays concernés. Les réalisations de certaines de ces conditions nécessitent un financement extérieur. La Banque mondiale a retenu et a appliqué, jusqu'à une date récente, le financement par l'endettement comme étant la principale condition de cette évolution. Mais où la Banque mondiale trouve-t-elle les ressources financières dont elle a besoin pour aider ces pays ? Elle les obtient essentiellement en recourant au marché financier international. Elle est dépendante de ce marché et joue donc le rôle d'intermédiaire financier. En fait, la Banque mondiale se substitue aux pays qui n'ont pas un accès direct au marché financier international, soit parce qu'ils sont considérés comme non solvables, soit parce qu'ils ne peuvent même pas assumer les intérêts de leurs dettes. En effet, la Banque mondiale emprunte sur le marché financier aux taux d'intérêt courants et prête aux pays qu'elle aide avec des taux d'intérêt bonifiés ou nuls et, parfois, sur une longue durée, par exemple de trente ans, c'est ce qu'on appelle aide. Les dons de la Banque sont très rares et leur montant est limité.

Cette façon de financer le développement a plusieurs inconvénients qui mettent en évidence ses limites.

Premièrement, cela revient à financer le développement par l'endettement. Or, certains pays n'ont pas la possibilité d'honorer leurs dettes extérieures, d'autres pays n'ont même pas la possibilité de payer les intérêts de leurs dettes. Ces pays se trouvent donc dans une situation de surendettement, ce qui constitue un handicap pour le présent et l'avenir. En effet un pays, pour pouvoir honorer sa dette extérieure et payer les intérêts de sa dette, doit réaliser une balance commerciale excédentaire au moins équivalente aux charges de sa dette, durant toute la période de son endettement. Or, les dirigeants de la Banque mondiale sont bien placés pour savoir que la grande majorité de ces pays réalisent des balances commerciales déficitaires depuis plusieurs décennies. Ces pays voient donc augmenter et s'aggraver leurs dettes extérieures cumulées ou simplement du fait qu'ils ne peuvent même pas payer les intérêts de leur dette. Supposons qu'en période T1 la dette extérieure d'un pays est de 100 UMi (unité monétaire internationale). Supposons que le taux d'intérêt de sa dette est de 10 % par an. Supposons que dans les périodes suivantes ce pays réalise des balances commerciales équilibrées. Ce pays voit sa dette augmenter dans le temps. Sa dette extérieure passe en T2 à 110 UMi, en T3 à 121 UMi, en T4 à 133,1, en T5 à 146,41, etc. Ce pays voit doubler sa dette en un peu plus de huit années, cela simplement du fait des intérêts cumulés. Les pays qui se trouvent dans cette situation de surendettement et qui ont des ressources naturelles deviennent alors des proies faciles pour les pays et entreprises qui cherchent à exploiter et à exporter leurs ressources à vil prix.

Deuxièmement, les montants empruntés par la Banque mondiale sur le marché financier international sont largement insuffisants par rapport aux besoins financiers des pays auxquels elle doit venir en aide. Depuis sa création, dans les meilleures années, la Banque mondiale n'a jamais mobilisé plus de quelques dizaines de milliards de dollars par an pour ces pays[12]. En fait, le financement du développement par l'endettement crée un dilemme. Si, pour accélérer le développement d'un pays on lui accorde de plus en plus de prêts, ce pays se trouve dans une situation de surendettement de plus en plus grave. Si on ne lui accorde pas suffisamment de crédits, il peut stagner durant des

12 En 2023, les décaissements de la Banque mondiale se sont élevés à 25,5 milliards de dollars et les décaissements du groupe de la Banque mondiale à 91,3 milliards de dollars (cf. Rapport annuel 2023 de la Banque mondiale (p. 11), disponible à cette adresse : https://www.banquemondiale.org/fr/about/annual-report#anchor-annual

décennies sans sortir du sous-développement. L'évolution économique laborieuse et limitée de la plupart des pays qui ont bénéficié des crédits de la Banque mondiale atteste la réalité de cette situation.

Troisièmement, la décision d'accorder ou non des prêts "aides" aux pays peut être subordonnée aux considérations politiques, en ce sens que certains pays dont les dirigeants sont dociles peuvent bénéficier facilement des crédits accordés par la Banque mondiale, d'autres pays moins dociles moins facilement et d'autres pays encore moins dociles pas du tout.

Quatrièmement, la décision d'accorder des aides aux pays est subordonnée à l'acceptation de réaliser des réformes structurelles et économiques. Nous verrons le véritable objectif et les conséquences de ces réformes (cf. section IV).

Cinquièmement, la Banque mondiale, en empruntant sur le marché financier international et en payant des intérêts, légitime à la fois l'existence de ce marché et le fait de pouvoir gagner de l'argent avec de l'argent.

Sixièmement, les montants empruntés par la Banque mondiale sur le marché financier international peuvent venir des placements des tricheurs, des fraudeurs, des mafieux et des criminels, ce qui revient à participer au blanchiment de l'argent sale. Ces inconvénients et limites trouvent leur origine dans le fonctionnement du système monétaire et financier international actuel. Or, tant que ce système perdurera, ces inconvénients et limites perdureront. Tant que ce système perdurera, la grande partie du financement extérieur du développement se fera par l'endettement. Tant que ce système perdurera, la Banque mondiale ne sera pas indépendante et ne pourra pas véritablement aider les pays qui en ont besoin à sortir du sous-développement.

Les prêts accordés par la Banque mondiale, d'une façon générale les emprunts contractés sur le marché financier international destinés à financer le développement, doivent être destinés à financer l'importation de capitaux et de produits nécessaires à la réalisation d'ouvrages ou infrastructures aptes à favoriser le développement. Ils ne doivent être destinés ni à financer le budget des États concernés, ni à rémunérer les agents qui interviennent dans la réalisation de ces ouvrages. Un exemple : la construction des infrastructures nécessite, outre de la main-d'œuvre, du ciment, du fer, etc. Si le pays concerné ne les produit pas, les prêts accordés par la Banque mondiale doivent être destinés à financer l'importation de ciment, de fer, etc. En revanche, la rémunération de la main-d'œuvre employée dans le pays concerné (qu'elle soit composée de nationaux ou d'étrangers) pour réaliser ces infrastructures doit être financée par le budget de l'État. Or, la Banque mondiale ne fait pas de véritables distinctions dans la destination des prêts qu'elle accorde. Dans chaque pays, c'est la monnaie nationale qui est utilisée pour rémunérer la main-d'œuvre employée. Aussi les prêts en devises accordés et destinés à rémunérer la main-d'œuvre employée doivent être convertis en monnaie nationale pour chaque pays concerné. Or, nous l'avons vu, aucun pays n'a besoin de la monnaie d'un autre pays pour créer sa propre monnaie. Il apparaît donc clairement que l'endettement extérieur d'un pays augmente inutilement lorsque les prêts en devises accordés sont destinés à rémunérer la main-d'œuvre employée dans ce pays.

D'aucuns disent que les prêts en devises accordés par la Banque mondiale et destinés à rémunérer la main-d'œuvre permettent aux pays bénéficiaires de financer l'importation de produits de première nécessité, afin de satisfaire les besoins économiques premiers de leur population. Cette affirmation appelle plusieurs remarques. Premièrement, par cette affirmation ils reconnaissent que ces prêts ne sont pas nécessaires pour rémunérer la main-d'œuvre dans les pays bénéficiaires. Deuxièmement, ces prêts ne sont pas destinés à financer le développement de ces pays, puisqu'en dernière analyse ils financent l'importation de produits. Troisièmement, il n'est pas certain que ces prêts soient destinés à financer l'importation de produits de première nécessité. Quatrièmement, les dirigeants de la Banque mondiale devraient tenir compte de ce proverbe chinois : "Ne me donne pas de poisson, apprends-moi plutôt à pêcher". Depuis plus de 75 ans, la Banque mondiale, qui aurait dû tout faire pour que ces pays parviennent à satisfaire leurs besoins économiques de première nécessité par leur propre production, n'a qu'un bien maigre bilan à présenter.

III. Le choix du modèle de développement

Le modèle de développement choisi par la majorité des pays et favorisé par la Banque mondiale est l'industrialisation telle qu'elle est réalisée dans les pays dits industrialisés. Dans les pays en développement, l'industrialisation ou les tentatives d'industrialisation se réalisent au détriment du secteur agricole, qui se trouve relégué au second plan. Et pour certains pays en développement, lorsque le secteur agricole est favorisé, il est tourné vers l'exportation. Or, cette situation met en péril leur indépendance alimentaire et elle pèse encore davantage sur leur balance commerciale. En fait, c'est l'indépendance vis-à-vis des produits alimentaires qui doit être l'un des premiers objectifs des dirigeants de ces pays et de la Banque mondiale. Les pays qui ne sont pas indépendants alimentairement ne peuvent pas être considérés comme véritablement indépendants politiquement.

Ce modèle de développement est fondé sur l'exploitation et l'utilisation des ressources naturelles non renouvelables et des ressources naturelles renouvelables sans qu'il ait été tenu compte du fait que les premières sont limitées en quantité donc épuisables et que les secondes sont dégradables. Ce modèle a donc des conséquences néfastes sur la santé de la population de ces pays, sur l'environnement et sur l'avenir du vivant. Par conséquent, il est condamné économiquement. Tous les pays industrialisés et en développement doivent donc l'abandonner sous peine de voir se tarir leurs ressources naturelles d'ici quelques décennies. C'est tout l'avenir des générations futures qui se joue et qui risque d'être hypothéqué.

Ce modèle d'industrialisation fortement défendu par la Banque mondiale est fondé essentiellement sur l'endettement et l'actionnariat. C'est un modèle où la rentabilité des placements à tout prix devient le principal objectif des entrepreneurs. Ce modèle divise donc la société en trois catégories. La première catégorie vit du revenu obtenu grâce à sa participation à la réalisation de la production. La deuxième vit du revenu obtenu grâce à sa participation à la réalisation de la production et du revenu tiré de ses placements. La troisième vit du revenu tiré de ses placements, sans avoir à participer à la réalisation de la production. Cette division est due au fait que, dans ce modèle, être propriétaire des moyens de production donne droit à une partie du produit ou, pour le dire autrement, dans ce modèle il est possible de gagner de l'argent avec de l'argent. Enfin ce modèle est aussi condamnable socialement car il engendre et aggrave les inégalités, il est donc source de conflits à l'intérieur de chaque pays concerné.

Les organisations internationales, dont la Banque mondiale, ont jusqu'à présent passé sous silence les effets néfastes de ce mode de développement. Or, elles auraient dû, elles devraient tout faire pour faciliter et favoriser son remplacement par un nouveau mode de production et de développement respectueux de l'ensemble des ressources naturelles et de l'environnement d'une part, un modèle de développement qui soit à même de défendre les droits légitimes de tous ceux qui participent à la réalisation de la production d'autre part.

IV. L'aide de la Banque mondiale est subordonnée à la réalisation des ajustements structurels

La Banque mondiale actuelle fait dépendre ses aides des exigences que les pays bénéficiaires doivent respecter. Elle aurait pu formuler deux sortes d'exigences : neutres sur le plan de leurs effets sociaux ou partisanes. En tant qu'organisation internationale, elle aurait dû choisir les exigences neutres, qui concernent le respect des règles dont l'application assure le fonctionnement normal de l'économie. Mais elle a choisi les exigences partisanes.

Les ajustements structurels sont inspirés essentiellement des idées des néolibéraux : moins d'intervention de l'État, moins d'actions de l'État, moins d'entreprises d'État, plus d'actions privées, plus d'entreprises privées, plus de financiarisation qui passe par la finance mondialisée, etc. Ces idées ont amené les dirigeants des organisations internationales à imposer des ajustements à tous les pays qui ont besoin de leur aide, essentiellement les pays en développement et les moins avancés économiquement. Mais pourquoi les néolibéraux s'intéressent-ils à ces derniers pays ? En quoi les exigences suivantes contenues dans le programme d'ajustements et imposées aux pays en développement intéressent-elles les néolibéraux, exigences telles que : la libre circulation des capitaux financiers, la privatisation des entreprises publiques, la libre circulation des marchandises, l'adoption d'un cadre légal favorisant le respect des droits de propriété privée, etc. On ne voit pas comment l'application de ces exigences pourrait favoriser l'évolution économique des pays en développement, évolution qui devrait profiter totalement aux habitants de ces pays. En fait, l'application de ces mesures intéresse les néolibéraux, car, nous l'avons vu, ils sont au service des grands financiers, ceux qui gagnent de l'argent avec de l'argent.

La privatisation des entreprises publiques permet aux grands financiers d'acheter ces entreprises, qui deviennent une source de revenu pour leurs actionnaires ou propriétaires. La libre circulation des capitaux financiers permet aux financiers d'autres pays de financer, sans entraves, l'achat des entreprises privatisées dans les pays en développement, mais aussi de pouvoir sortir le profit réalisé par des entreprises privatisées, de pouvoir sortir le profit des entreprises qu'ils auront délocalisées dans ces pays, aussi et surtout de pouvoir sortir en cas de besoin leur capital financier. La libre circulation des marchandises leur permet d'exporter les produits réalisés par leurs entreprises implantées dans ces pays vers les pays où les monnaies sont surévaluées par rapport aux monnaies de ces pays. L'adoption d'un cadre légal favorisant le respect des droits de propriété privée leur permet, en cas de besoin, de pouvoir vendre leurs entreprises implantées dans ces pays et de rapatrier le montant de la vente. On voit pourquoi l'application de ces exigences de la Banque mondiale est bénéfique aux financiers des entreprises privatisées, délocalisées et implantées dans ces pays. On voit comment l'application de ces exigences favorise une nouvelle façon de piller ces pays, du fait des taux de change arbitraires. Mais on ne voit pas en quoi l'application de ces exigences favoriserait l'évolution économique des pays en développement, évolution qui devrait profiter totalement aux habitants de ces pays. Un exemple : on ne voit pas en quoi la privatisation des entreprises dans un pays devrait favoriser l'évolution de son économie puisque ces entreprises existent déjà et cela est vrai pour les pays en développement comme pour les pays industrialisés. La privatisation des autoroutes qui existaient en France n'a eu aucun effet sur l'évolution économique de la France, en revanche elle a diminué les recettes de l'État et a permis à leurs nouveaux propriétaires de gagner de l'argent avec de l'argent.

D'autres exigences contenues dans les ajustements structurels sont la réduction du déficit budgétaire de l'État, l'élimination des subventions, la réduction de l'ampleur de la corruption gouvernementale.

Une précision préalable : dans tous les pays, le budget de l'État doit être géré de façon rationnelle, afin d'éviter le gaspillage des ressources budgétaires. Les principales causes de déficit budgétaire dans les pays en développement sont, du côté des recettes, l'absence ou l'insuffisance d'une véritable structure de collecte des impôts. Et pour ce qui concerne les dépenses, ce sont d'une part les dépenses relatives aux rôles régaliens de l'État, d'autre part les dépenses de l'éducation, de la santé et les subventions accordées pour faire baisser le prix de certains produits alimentaires, enfin, pour certains de ces pays ce sont les dépenses supplémentaires de sécurité destinées à faire face aux conflits intérieurs et extérieurs.

Il est vrai que ce sont les dirigeants de ces pays qui sont les premiers responsables de l'absence ou de l'insuffisance d'une véritable structure de collecte des impôts. Mais, nous l'avons vu, il est vrai aussi que, depuis sa création il y a plus de 75 ans, la Banque mondiale aurait dû et pu aider ces pays à mettre en place une véritable structure de collecte des impôts. Dans ce domaine, elle a manqué à son devoir. Durant plusieurs décennies, la Banque mondiale a considéré le budget de l'éducation comme une charge et non comme un investissement indispensable au développement dans les domaines économique, social, culturel, de la santé, etc. Or, l'amélioration des secteurs de l'éducation et de la santé favorise l'évolution économique, c'est donc une nécessité absolue et même préalable à un développement soutenu. Toute réduction des dépenses dans ces domaines hypothèque cette amélioration et cette évolution et aggrave la situation de certaines catégories de malades qui n'ont pas les moyens de financer leur prise en charge. En effet, dans les pays en développement, les dépenses de santé sont en partie à la charge des malades et en partie incluses dans le budget de l'État, car il n'existe pas de véritable système de protection sociale.

Les subventions accordées pour faire baisser le prix de certains produits alimentaires ou de première nécessité sont l'une des conséquences des inégalités économiques et donc des inégalités sociales et du chômage. Ces subventions permettraient de réduire en partie, en petite partie, ces inégalités. Leur suppression maintient ou aggrave ces inégalités et peut devenir une cause de conflit à l'intérieur de ces pays. Ces subventions sont donc nécessaires mais, pour écarter les inégalités, il faut s'attaquer à la racine des causes qui les ont rendues nécessaires. Ces causes sont les prélèvements indus, les prélèvements illégitimes et le pillage de ces pays.

Enfin, les dépenses supplémentaires de sécurité pèsent lourdement sur le budget de l'État dans certains pays. Les dépenses de sécurité augmentent afin de faire face aux conflits intérieurs et extérieurs, devenus récurrents pour certains de ces pays, voire pour certaines régions du monde. Les conflits intérieurs sont dus aux inégalités économiques et sociales, à la rivalité entre tribus ou ethnies que les États constitués n'ont pas pu écarter. Ces conflits sont souvent attisés par des individus ou des agents au service d'entreprises ou de pays étrangers dont le but est d'affaiblir ou de remplacer les gouvernants des pays concernés en vue d'obtenir des accords ou concessions qui leur soient favorables au détriment de ces pays. Les organisations internationales passent sous silence les causes de ces conflits. Quant aux dépenses de sécurité destinées à faire face aux conflits extérieurs, elles pèsent à la fois sur le budget de l'État et sur la balance commerciale, du fait des importations d'armes. Les conflits entre les pays aussi sont souvent attisés par des agents au service d'entreprises ou d'États étrangers, qui visent les objectifs que nous venons d'évoquer. Les conflits entre tribus, ethnies et pays ont un objectif mercantile. Ils apparaissent ou s'aggravent souvent lorsque, dans ces pays, on découvre des richesses naturelles (pétrole, uranium, minerais, etc.). Les organisations internationales tentent bien d'intervenir une fois que les conflits sont déclenchés, mais jusqu'à présent elles n'ont jamais dénoncé les responsables étrangers qui les ont attisés.

La corruption gouvernementale est malheureusement organisée dans la plupart des pays en développement et émergents. C'est une gangrène, un fléau, un frein à l'évolution économique des pays concernés et à la réalisation d'une véritable démocratie. Les gouvernants corrompus sont prêts à tout pour se maintenir au pouvoir ; ils sont prêts à accorder aux plus offrants des avantages à l'intérieur de leur pays, des concessions aux entreprises ou aux gouvernements étrangers, à leur entourage et même, surtout, aux militaires. De tels gouvernants ne sont pas au service de leur pays et de sa population, ce qui les intéresse c'est le pouvoir pour le pouvoir, le pouvoir pour en jouir et s'enrichir. La corruption gouvernementale ouvre la voie à la corruption généralisée dans les pays touchés par cette malédiction. Par conséquent, les dirigeants de la Banque mondiale ont parfaitement raison de la dénoncer, car il leur faut éveiller la conscience des populations, même s'il est évidemment difficile d'envisager que les gouvernants corrompus prennent des mesures contre eux-mêmes. Mais il leur faudrait aussi dénoncer les entreprises et gouvernements étrangers qui corrompent les gouvernants, ce qu'ils ne font pas véritablement.

La Banque mondiale se veut au service des pays en développement. Elle a pour mission de les aider afin de diminuer la pauvreté dans le monde. Mais plus de 75 ans après sa création, elle n'a pas rempli sa mission. Qu'est-ce qu'elle aurait pu et dû faire pour favoriser la réalisation de cette mission ? Pour écarter le pillage de ces pays et les délocalisations et leurs conséquences néfastes, elle aurait pu et dû exiger, avec le FMI, l'établissement des taux de change dans le respect de la parité des pouvoirs d'achat. Pour favoriser le financement du développement sans endettement, l'une des principales causes de surendettement de ces pays, elle aurait pu et dû exiger une véritable réforme du système monétaire et financier international actuel. Pour écarter les prélèvements illégitimes, l'une des causes de la pauvreté relative ou absolue, elle aurait pu et dû exiger une véritable réforme du système bancaire. Pour rendre ces pays indépendants alimentairement, elle n'aurait pas dû faire passer au second plan le secteur agricole. Pour réaliser un développement équilibré, soutenu et durable, elle aurait pu et dû proposer des plans de développement tenant compte des possibilités des ressources humaines, naturelles, techniques, financières, etc. dont dispose chacun de ces pays. Pour favoriser le développement et l'entente pacifique entre pays voisins, elle aurait pu et dû favoriser les coopérations régionales. Pour favoriser l'éducation, la formation, la recherche, la santé, la culture, etc., elle aurait pu et dû encourager les coopérations entre pays en développement et pays industrialisés, mais des coopérations dénuées d'arrière-pensées mercantiles.

V. Les conséquences néfastes du financement du développement par les financiers qui délocalisent leur production ou leurs entreprises, ce que certains appellent, faussement, le développement par la mondialisation de la production

L'influence des idées néolibérales (la libre circulation des capitaux financiers, la financiarisation mondialisée, la mondialisation de la production, la libre circulation des marchandises dans le cadre des taux de change arbitraires, etc.), les limites des moyens financiers dont dispose la Banque mondiale et peut-être la prise de conscience des limites et des conséquences néfastes du financement du développement par endettement ont amené les dirigeants de la Banque mondiale et du FMI, sous l'influence des grands financiers, à prôner et à favoriser l'implantation des entreprises multinationales dans les pays en développement. Ces dirigeants font croire que la mondialisation, à travers l'implantation des entreprises délocalisées dans ces pays, favorise le développement et permet de sortir les pays de la pauvreté tout en réduisant leur endettement extérieur et les écarts de développement entre les pays. Présentée de cette façon, la proposition paraît séduisante.

Les dirigeants du FMI et de la Banque mondiale ont imposé la libre circulation des capitaux et des marchandises. La libre circulation des capitaux financiers a essentiellement deux objectifs. Le premier est de faciliter et de favoriser le financement des entreprises délocalisées. Le deuxième est de pouvoir sortir les placements financiers et les profits des pays où ces entreprises s'implantent. La libre circulation des marchandises a pour objectif de pouvoir produire dans un pays et d'écouler, sans entraves, les produits dans d'autres pays. En outre, ces dirigeants ont exigé que les pays membres de ces organisations internationales respectent le droit de propriété privée. Le but est de rassurer les financiers, en écartant ou limitant les tentatives de nationalisation des entreprises privées, dont les entreprises délocalisées implantées dans ces pays. Or, il est vrai que ces mesures sont favorables aux financiers qui délocalisent leur production ou leurs entreprises. Il est vrai aussi que l'implantation des entreprises délocalisées augmente la production dans les pays où elles s'implantent. En revanche, il n'est pas vrai que les délocalisations dont l'objectif est mercantile sont favorables aux habitants des pays en développement où ces entreprises s'implantent. Elles ne sont pas, non plus, favorables aux pays qui se trouvent être à l'origine de leur financement, puisque les délocalisations y entraînent le chômage.

On peut donc légitimement se poser la question de savoir comment les dirigeants de la Banque mondiale tentent de défendre et de justifier, par tous les moyens, les bienfaits de l'implantation des entreprises délocalisées dans les pays en développement. Je donne ici un exemple de ces vaines tentatives. Dans une discussion organisée en ligne, David Dollar, Directeur des politiques de développement à la Banque mondiale et spécialiste des effets de la mondialisation (des finances et de la production) tente de répondre aux questions suivantes : La mondialisation a-t-elle permis aux pays à faibles revenus de lutter contre la pauvreté ou a-t-elle perpétué et aggravé les inégalités dans le monde ? Pour donner à voir les incohérences des réponses à ces questions, leurs limites absolues et leur caractère partisan, je présente ici les propos de l'un des intervenants (Erkan Bayir) et la réponse de David Dollar, ancien directeur des opérations pour la Chine et la Mongolie à la Banque mondiale.

"Erkan Bayir : Reconnaissez-vous que la mondialisation a tendance à creuser l'écart entre les riches et les pauvres ? Je pense que les multinationales se préoccupent uniquement de maximiser leurs bénéfices. La pauvreté dans le monde ou le fait notamment que des personnes touchent moins d'un dollar par jour ne les intéressent pas. La mondialisation est une occidentalisation des systèmes économiques ainsi que des cultures, des valeurs et des styles de vie autochtones.

David Dollar : Il est exact que les entreprises du monde entier cherchent avant tout à maximiser leurs bénéfices. Il est important de disposer de cadres législatifs et réglementaires solides si l'on veut que la recherche du profit ait des retombées sociales positives. Je ne pense pas que la mondialisation ait tendance à creuser l'écart entre les riches et les pauvres. Les plus fortes croissances sont enregistrées dans les économies de pays en développement, ce qui indique que l'intégration peut être un véritable catalyseur pour le développement qui permet de réduire les inégalités dans le monde. À l'heure actuelle, la tendance à l'inégalité dans le monde provient du fait que près de la moitié de la population des pays en développement vit dans des pays qui parviennent à s'intégrer et à combler leur retard sur les pays riches, alors que l'autre moitié vit dans des pays qui ne sont, pratiquement, pas touchés par la mondialisation. Les piètres performances enregistrées par l'Argentine, la majeure partie de l'Afrique subsaharienne, le Pakistan, le Myanmar et d'autres pays sont-elles imputables à leur intégration à l'économie mondiale ou à leur mauvaise gouvernance ? Selon moi, tout indique qu'elles sont liées à ce dernier facteur."[13]

La réponse de M. Dollar appelle plusieurs remarques.

Premièrement, ladite mondialisation se fait par les délocalisations. Toutefois, nous devons distinguer deux sortes de délocalisations : celles dont l'objectif est de produire dans un pays et d'écouler ces produits dans le pays où ils sont réalisés ; celles dont l'objectif est de produire dans un pays et d'écouler ces produits essentiellement dans les pays industrialisés.

Les premières sortes de délocalisations seraient assez favorables aux pays en développement et ne seraient pas défavorables aux pays qui sont à l'origine de leur financement, si toutefois l'ensemble des conditions suivantes étaient satisfaites. (1) Elles seraient favorables aux habitants de ces pays, car elles leur permettraient de mieux satisfaire leurs besoins économiques.

---

13 https://web.archive.org/web/20130821222241/http://live.banquemondiale.org/la-mondialisation

Mais les entreprises délocalisées ne s'implantent pas dans n'importe quels pays. Une grande majorité de ces implantations se réalise dans les pays qui sont déjà prêts à entrer dans l'ère du développement. Autrement dit, ces implantations se réalisent dans les pays qui sont parvenus à réunir les conditions susceptibles de les faire décoller. (2) Pour ces pays, les implantations leur seraient véritablement favorables si les profits réalisés par ces entreprises étaient investis sur place. Or, il est important de remarquer que les financiers des entreprises qui agissent de la sorte sont de très rares exceptions. Les financiers ne sont pas des philanthropes œuvrant en faveur des pays en développement. Toutes les actions philanthropiques des financiers ont des arrière-pensées mercantiles, ou alors cela vise à leur donner bonne conscience. (3) Toutefois, même si par miracle on devait trouver des financiers philanthropes, afin d'écarter les conséquences néfastes sur l'emploi et sur la demande globale dans les pays qui sont à l'origine du financement des délocalisations, il faudrait être certain, d'une part que ces pays jouissent du plein emploi, ce qui est de moins en moins le cas en Europe, d'autre part que ces pays ont réalisé une balance commerciale excédentaire au moins équivalente au montant des investissements réalisés dans les pays où ils implantent leurs entreprises délocalisées, cela afin de préserver le niveau de la demande globale dans ces pays. Or, les financiers qui délocalisent leurs entreprises ne tiennent absolument pas compte de ces deux conditions. Les délocalisations qui sont réalisées dans le non-respect de ces deux conditions aggravent la situation de l'emploi dans les pays qui sont à l'origine de leur financement. Les dirigeants de la Banque mondiale aussi passent sous silence ces deux conditions.

Les secondes sortes de délocalisations ne sont pas favorables à l'immense majorité des habitants des pays en développement. En effet, la totalité ou une grande partie des produits réalisés par ces entreprises ne profite pas aux habitants de ces pays, car ils sont destinés à l'exportation, essentiellement vers des pays industrialisés. Il est vrai que, comme certains le défendent, l'exportation de ces produits fait entrer des devises dans les pays où les entreprises délocalisées sont implantées. Mais c'est oublier un peu vite que les monnaies de ces pays sont largement sous-évaluées par rapport à la monnaie de référence internationale. Cette sous-évaluation permet aux entreprises délocalisées de réaliser des taux de profit considérables lorsqu'elles vendent leurs produits dans les pays industrialisés. On voit bien pourquoi, dans ce cas, les financiers, pour maximiser leurs taux de profit, délocalisent leurs entreprises. Or, ces taux de profit maximisés se font au détriment du pouvoir d'achat réel des travailleurs des pays où sont implantées ces entreprises. En d'autres termes, s'il est vrai que l'implantation de ces entreprises dans les pays en développement permet d'augmenter la production dans ces pays, il est vrai aussi que cette augmentation de la production ne profite pas proportionnellement à leurs habitants. En dernière analyse, les travailleurs de ces pays peuvent être considérés comme des sortes d'esclaves des entreprises délocalisées au profit des financiers et des habitants des pays industrialisés importateurs des produits réalisés par ces travailleurs. Dans ce cas, par la perte d'une grande partie du pouvoir d'achat réel de leurs travailleurs, ces pays payent une rançon aux financiers des entreprises délocalisées pour que la production augmente dans leur pays mais non pour que le pouvoir d'achat réel augmente proportionnellement. Les dirigeants de la Banque mondiale, en défendant et en encourageant les délocalisations, acceptent cette sorte de rançon. En outre, les financiers ne délocalisent pas leurs entreprises dans n'importe quels pays. Ils les implantent dans les pays où les principales conditions d'entrer dans l'ère de développement sont réunies. Ce qui manque à ces pays pour accélérer leur développement, ce sont des devises pour financer l'achat des moyens de production qu'ils ne produisent pas encore. Or, les dirigeants de la Banque mondiale actuelle ne voient que deux solutions pour que ces pays puissent obtenir les moyens de production dont ils ont besoin : par l'endettement et par les délocalisations !

Deuxièmement, pour écarter les conséquences néfastes des taux de profit maximaux réalisés par les entreprises multinationales, M. Dollar émet la suggestion suivante : "Il est important de disposer de cadres législatifs et réglementaires solides si l'on veut que la recherche du profit ait des retombées sociales positives." (Précisons que des retombées sociales positives sont véritablement réalisées lorsque le profit est investi totalement dans le pays où il est réalisé.) Pour connaître les limites de cette suggestion de M. Dollar, distinguons les deux sortes de délocalisations que nous avons évoquées. (1) Supposons que les financiers des entreprises souhaitent délocaliser dans les pays en développement et réaliser des produits destinés au marché du pays où ils implantent leurs entreprises. On peut imaginer que si les dirigeants du pays où les financiers des entreprises souhaitent délocaliser annoncent ou décident de taxer fortement le profit ou d'exiger que ce profit soit investi totalement dans leur pays, ils ne verront pas les entreprises s'implanter dans leur pays et même les entreprises déjà implantées le quitteront. Ils ne peuvent pas, non plus, décider de limiter ou d'interdire le rapatriement des profits dans les pays à l'origine du financement des délocalisations, puisque cette décision irait à l'encontre de l'une des exigences du FMI et de la Banque mondiale qui prônent la libre circulation des capitaux financiers. (2) Les profits réalisés par les entreprises délocalisées dans un pays dont les produits sont destinés à l'exportation (essentiellement vers les pays industrialisés) échappent aux mesures prises par les dirigeants des pays où ces entreprises sont implantées, car les profits sont réalisés à l'étranger, par la vente de leurs produits dans d'autres pays. En outre, les pays qui exigent que les profits soient déclarés et qui décident de les taxer fortement subiront les mêmes décisions que celles que nous venons d'évoquer, de la part des financiers de ces entreprises. Il apparaît ainsi clairement que M. Dollar, l'un des représentants imminents de la Banque mondiale actuelle, fait semblant de méconnaître le véritable objectif des financiers qui délocalisent leurs entreprises dans les pays en développement.

Troisièmement, M. Dollar ne pense pas que la mondialisation ait tendance à creuser l'écart entre les riches et les pauvres. "Les plus fortes croissances sont enregistrées dans les économies de pays en développement, ce qui indique que l'intégration peut être un véritable catalyseur pour le développement qui permet de réduire les inégalités dans le monde." Les taux de croissance élevés enregistrés dans les économies de pays en développement sont les conséquences de la désindustrialisation et donc de l'aggravation de la situation de l'emploi dans les pays dits développés. Autrement dit, la croissance économique de certains pays (les pays émergents), due à la mondialisation ou aux délocalisations, se réalise au détriment de la croissance économique d'autres pays, les pays industrialisés qui délocalisent leurs entreprises. En outre, M. Dollar fait semblant d'ignorer que la croissance économique des pays émergents, croissance due à la mondialisation, ne profite pas proportionnellement à l'immense majorité des habitants de ces pays, comme nous l'avons vu. Il ne voit pas que les pays en développement où sont implantées ces entreprises sont pillés. Il ne voit pas que les inégalités économiques se sont aggravées à l'intérieur des pays où les entreprises délocalisées se sont implantées. Il ne voit pas que certains pays émergents sont devenus de véritables usines qui fournissent des produits destinés aux pays dits industrialisés, des produits réalisés très souvent dans des conditions inhumaines. On le voit bien, le malheur de certains pays ne fait pas forcément le bonheur d'autres pays. Il apparaît clairement que M. Dollar confond la croissance économique des pays où les entreprises délocalisées s'implantent et l'augmentation proportionnelle du pouvoir d'achat réel dans ces pays. Or, cette relation ne s'applique pas aux pays qui sont devenus des usines produisant pour d'autres pays. En fait, il ne voit pas que chaque pays doit pouvoir produire, selon ses possibilités humaines, selon les techniques et ressources naturelles dont il dispose, les produits nécessaires pour satisfaire les besoins économiques de sa population.

Quatrièmement, si l'on suit M. Dollar, la bonne ou la mauvaise gouvernance d'un pays serait à mettre en rapport avec l'acceptation ou le refus d'entrer dans la mondialisation, c'est-à-dire l'acceptation ou le refus des implantations des entreprises dites multinationales dans un pays. Mais comment peut-il prétendre établir une relation entre la mondialisation et l'amélioration de la gouvernance des pays qui acceptent l'implantation des entreprises délocalisées. Cette relation n'existe pas. Prétend-t-il qu'un pays a une bonne gouvernance du seul fait qu'il paye des rançons pour favoriser son développement ? Ces déclarations de M. Dollar rejoignent la propagande de ceux qui sont au service des financiers à qui profite cette mondialisation. Nous l'avons vu, les délocalisations ne sont pas favorables aux pays qui sont à l'origine de leur financement ni à leurs travailleurs, elles ne sont pas véritablement favorables aux pays où elles s'implantent ni à leurs travailleurs, elles ne sont véritablement favorables qu'aux financiers de ces entreprises. On est en droit de se demander si la Banque mondiale, dont M. Dollar est l'un des éminents dirigeants, en défendant cette mondialisation et les délocalisations, ne défend pas les intérêts d'une catégorie, celle des financiers des entreprises délocalisées.

Cinquièmement, on ne voit pas ce que veut justifier M. Dollar par cette déclaration : "À l'heure actuelle, la tendance à l'inégalité dans le monde provient du fait que près de la moitié de la population des pays en développement vit dans des pays qui parviennent à s'intégrer et à combler leur retard sur les pays riches, alors que l'autre moitié vit dans des pays qui ne sont, pratiquement, pas touchés par la mondialisation." Il semble qu'il voudrait dire que l'inégalité qui perdure est due au fait que certains pays ont accepté la mondialisation et d'autres non. Il pense donc que la diminution des inégalités passe par la mondialisation. L'acceptation de cette affirmation signifierait d'abord que, selon M. Dollar, durant quarante années la Banque mondiale a fait fausse route, car elle a favorisé le financement du développement par l'endettement. Elle signifierait ensuite que les pays sous-développés doivent payer des rançons aux financiers des entreprises pour qu'ils délocalisent leurs entreprises dans ces pays afin qu'ils puissent augmenter leur production. Nous avons vu que la totalité ou la grande partie des produits réalisés par les entreprises délocalisées ne sont pas destinés aux habitants des pays où ces produits sont réalisés. En outre, M. Dollar est bien placé pour savoir que les inégalités se sont aggravées à l'intérieur des pays et entre les pays les plus avancés et les moins avancés économiquement.

Une dernière remarque s'impose pour marquer la limite absolue de cette proposition des dirigeants de la Banque mondiale actuelle. Nous avons vu que les monnaies des pays où ces entreprises s'implantent sont largement sous-évaluées. Nous avons vu que si les taux de change étaient établis dans le respect de la parité des pouvoirs d'achat, il n'y aurait pas de délocalisations. Or, selon ces dirigeants, sans délocalisations il n'y aurait pas d'augmentation de la production dans ces pays. Autrement dit, il n'y aurait pas de développement par les délocalisations si les taux de change étaient établis dans le respect de la parité des pouvoirs d'achat. Nous avons vu enfin que les financiers ne délocalisent pas leurs entreprises dans n'importe quels pays en développement. Ils délocalisent dans les pays qui ont réunis les conditions susceptibles de les faire entrer dans l'ère du développement, ce qui signifie que cette proposition ne concerne pas tous les pays en développement. Il apparaît donc clairement que cette proposition des dirigeants de la Banque mondiale pour favoriser le développement est partisane et qu'elle n'est pas non plus favorable aux travailleurs de ces pays, enfin ce n'est pas une véritable solution pour sortir du sous-développement. En effet, les délocalisations auront lieu dans les pays en développement sous certaines conditions et tant qu'ils pourront être pillés. Par conséquent, la proposition de ces dirigeants est condamnable et son application n'est pas une véritable solution pour les pays sous-développés. Enfin, cette proposition des dirigeants de la Banque mondiale revient à faire croire que le développement de certains pays n'est possible qu'au détriment d'autres pays, ceux qui sont à l'origine du financement des délocalisations. En outre, les délocalisations entraînent les délocalisations puisque même ceux qui ne voudraient pas délocaliser sont obligés de le faire à cause de la concurrence inégale, cercle vicieux dont les pays industrialisés voudraient sortir mais sans pouvoir le faire.

Les études de ce chapitre permettent d'établir un constat et de mettre en lumière trois des principales raisons de l'échec de la Banque mondiale. Le constat : elle n'a pas rempli sa mission. Les pays en développement et les pauvres sont encore trop nombreux. La Banque mondiale elle-même estime que 4 milliards de personnes vivent avec un revenu situé entre 1 et 8 dollars par jour, ce qui représente plus de la moitié de la population mondiale. Elle estime aussi que 2,7 milliards de pauvres vivent avec moins de 2 dollars par jour et que 1,2 milliard de personnes extrêmement pauvres gagnent moins de 1 dollar par jour. On ne comprend pas pourquoi certains pays, même avant la mondialisation, ont pu, en quelques dizaines d'années, sortir du sous-développement voire, pour quelques-uns, se hisser parmi les pays les plus développés, alors qu'après plus de soixante-dix ans d'existence la Banque mondiale n'a pas pu éradiquer le sous-développement ni la pauvreté. Or nous savons que les ressources humaines, naturelles, techniques et financières de par le monde peuvent permettre de réaliser cette mission. La première raison de cet échec est financière ou technique. La Banque mondiale actuelle n'a pas suffisamment de ressources financières, car elle est prisonnière du système monétaire et financier international actuel. La deuxième cause de son échec est l'incompétence des dirigeants et de la grande majorité des soi-disant experts de la Banque mondiale. La troisième cause de son échec, peut-être la plus importante, est idéologique. Les dirigeants de la Banque mondiale sont influencés par les idées partisanes des néoclassiques et néolibéraux et par les exigences des lobbies des grands financiers.

Chapitre III

Comment faire pour que les organisations internationales soient au service de tous les pays et de la population mondiale

I. Introduction

Les organisations internationales sont nécessaires pour régir les relations économiques, monétaires et financières entre les pays, pour défendre les intérêts de tous les pays, pour éviter que ces relations fassent apparaître des pays gagnants et des pays perdants, pour éviter que certains pays soient pillés, pour aider les pays qui en ont besoin, pour favoriser les conditions de la réalisation du développement économique, pour éviter que ces relations deviennent une cause de conflits entre les pays, pour régler les conflits lorsqu'ils surgissent, pour favoriser les conditions de la réalisation de l'entente pacifique entre les pays, pour défendre les intérêts de la population mondiale, etc. Toutefois, il ne suffit pas que ces organisations existent pour que soient écartées ou réglées les causes des tensions et des problèmes dus à ces relations économiques, monétaires et financières.

Dans les chapitres précédents, nous avons pu constater que des problèmes et tensions entre les pays persistent malgré l'existence des organismes internationaux tels que le FMI et la Banque mondiale. Nous avons établi que la persistance des problèmes et tensions, à l'intérieur des pays et entre les pays, était une conséquence de l'application des règles arbitraires qui régissent le fonctionnement actuel des économies nationales, de l'économie internationale et de ces organisations internationales.

Nous avons établi aussi que le système monétaire et financier international actuel était à l'origine d'une grande partie de ces problèmes et tensions, car son fonctionnement est régi par des règles arbitraires. D'ailleurs, en parlant du système actuel, nous devrions mettre le mot entre guillemets, car actuellement il n'existe pas de véritable système monétaire et financier international. Le FMI et la Banque mondiale actuelle ne centralisent pas, ne prennent pas en charge les relations monétaires et financières qui résultent des échanges internationaux. Ils ne gèrent donc pas un système. Ils ne peuvent pas régler les problèmes, tensions et crises engendrés par ces relations. Ils tentent de les régler, sans y parvenir véritablement, car ces problèmes, tensions et crises sont inhérents au système actuel. En fait, lorsqu'ils ont besoin de ressources financières pour faire face aux problèmes, tensions et crises ou pour aider les pays qui en ont besoin, ils dépendent des banques et des institutions financières des pays et en particulier du pays dont la monnaie joue le rôle de monnaie internationale.

Toutefois, si la critique est nécessaire pour faire connaître les failles de ces organisations, elle ne suffit pas pour écarter les causes économiques, monétaires et financières des problèmes, tensions et crises entre les pays. Pour compléter l'apport, il faut présenter des solutions et remèdes, ce qui constitue le principal objectif de ce chapitre.

L'économie est une science. Contrairement à ce qui se dit partout, elle a des principes immuables qui sont vrais dans le temps et dans l'espace. Les principes immuables de l'économie nationale et de l'économie internationale sont établis par une théorie rationnelle, qui n'est donc ni idéologique ni partisane. De ces principes découlent logiquement des règles dont le respect assurerait le fonctionnement normal, harmonieux, de l'économie au niveau national et au niveau international. Le fonctionnement des organisations internationales qui ont en charge les relations économiques, monétaires et financières au niveau international entre les pays membres de ces organisations doit donc être régi par ces règles, dont l'application permettrait d'écarter les causes des problèmes, tensions et crises étudiés dans les chapitres précédents.

Le respect de ces règles au niveau international ne ferait apparaître ni pays gagnants ni pays perdants, ni pays dominants ni pays dominés. Il écarterait la concurrence inégale entre les pays.

Il mettrait tous les pays à égalité dans les échanges internationaux. Le respect de ces règles écarterait les causes de conflits d'origine économique, monétaire et financière entre les pays. Il faciliterait et favoriserait les conditions de l'entente pacifique entre les pays qui participent aux échanges internationaux. Toutefois, pour faciliter et favoriser l'application de ces règles, quelques réformes sont nécessaires, dont celle du système monétaire et financier international. Cette réforme aboutira à la création d'une nouvelle et véritable Banque mondiale. En effet, un véritable système monétaire et financier international a besoin d'un organisme international qui centralise et prenne en charge l'ensemble des relations monétaires et financières qui concernent les échanges internationaux. La nouvelle Banque mondiale sera cet organisme.

Nous verrons en quoi l'entrée en fonction de la nouvelle Banque non seulement facilitera et favorisera l'application des règles du fonctionnement normal de l'économie, mais aussi rendra cette organisation internationale indépendante politiquement et financièrement et écartera la nécessité de l'existence du FMI.

II. Proposition de réforme du système monétaire et financier international

Le système monétaire et financier international joue un rôle prépondérant dans les relations économiques, monétaires et financières entre les pays. Toutefois, son fonctionnement, selon qu'il est régi par des règles qui découlent des principes de l'économie ou par des règles arbitraires, peut avoir des conséquences positives, neutres ou négatives sur ces relations.

La réforme que je présente ici est fondée sur les principes de l'économie internationale, compte tenu des principes de l'économie nationale. Ces principes sont établis par une théorie rationnelle. Le fonctionnement du nouveau système est donc régi par des règles qui découlent de ces principes (cf. chapitre IV, section IV consacrée aux principes et règles de l'économie internationale).

L'économie internationale est une économie d'échange. Dans cette économie, pour acheter, importer, sans endettement, il faut vendre, exporter, pour le montant des achats ou des importations. Par conséquent, dans cette économie ce sont les ventes ou les exportations qui financent les achats ou les importations. C'est là l'un des principes fondamentaux de l'économie internationale. Ce principe constitue le principal élément sur lequel est fondée la réforme du système monétaire et financier international. Ce principe met en lumière une évidence : les relations monétaires et financières normales entre les pays résultent des échanges internationaux.

Les échanges internationaux ont besoin d'une monnaie (d'un numéraire, d'un équivalent général) afin de mesurer les produits, de les comparer, de faciliter les échanges, d'effectuer des paiements, de comptabiliser les résultats nets des importations et des exportations entre les pays et de déterminer les créances et les dettes entre les pays. Pour écarter les conséquences néfastes de la confusion entre les monnaies nationales qui prétendraient jouer le rôle de monnaie internationale, la nécessité d'une véritable monnaie internationale indépendante de toute monnaie nationale s'impose. De ce fait, s'impose aussi la nécessité d'un organisme international, indépendant de tous les pays, mais au service de tous les pays. Nous l'appellerons la nouvelle Banque mondiale. Elle aura pour fonction d'émettre de la monnaie internationale qui sera destinée uniquement à monétiser les échanges internationaux. Elle déterminera les résultats des exportations nettes et importations nettes entre les pays. Elle prendra en charge les créances et les dettes représentant les résultats des importations nettes et des exportations nettes. Ainsi cette nouvelle Banque exercera essentiellement les deux fonctions d'une véritable banque : l'une monétaire et l'autre financière, mais au niveau international. Elle aura deux départements : le premier monétaire, le second financier. Le rôle du département monétaire sera d'émettre de la monnaie destinée uniquement à monétiser les échanges internationaux. Le rôle du département financier sera de prendre en charge les résultats des balances commerciales : les pays qui auront réalisé une balance commerciale excédentaire et les pays qui auront réalisé une balance commerciale déficitaire. La nouvelle Banque mondiale aura donc en charge la responsabilité du fonctionnement du nouveau système monétaire et financier international. Ses dirigeants auront la responsabilité de respecter les règles de son fonctionnement normal ou harmonieux.

III. Comment fonctionnera la nouvelle Banque mondiale dans le cadre du nouveau système monétaire et financier international

À chaque période, les échanges internationaux font apparaître deux ensembles de pays.

Le premier ensemble de pays réalise des balances commerciales équilibrées (importations égales aux exportations) dans une période élémentaire considérée, la journée par exemple. Pour ces pays, seul le département monétaire de la nouvelle Banque mondiale interviendra. À la demande des pays acheteurs, ce département émettra de la monnaie destinée uniquement à monétiser les échanges du premier ensemble de pays. Etant donné que chacun de ces pays aura réalisé une balance commerciale équilibrée, ce seront les exportations de chacun de ces pays qui financeront ses importations. Par conséquent, pour le premier ensemble de pays, seul le département monétaire de la nouvelle Banque interviendra pour émettre le montant de monnaie nécessaire à la monétisation des échanges de ces pays et pour récupérer, à la fin de la période élémentaire considérée, le montant de la monnaie émise. La récupération de la monnaie par le département monétaire de la nouvelle Banque vaut sa destruction. Ainsi, pour cet ensemble de pays, la monnaie interviendra pour monétiser les échanges et elle disparaîtra à la fin de chaque période élémentaire considérée. On le voit bien, ce cas ne fera apparaître aucune liquidité internationale.

Un exemple : supposons deux pays, pays A et pays B.

Dans une période élémentaire, chacun de ces deux pays importe pour 100 UMi (UMi = unité de monnaie internationale) et exporte pour 100 UMi. Chacun de ces pays demande au département monétaire de la nouvelle Banque d'émettre le montant de monnaie nécessaire pour monétiser et comptabiliser ses importations. Le montant demandé par chacun de ces pays apparaît sur le compte du département monétaire de la Banque. Son actif représente ses créances sur les pays importateurs. Son passif représente ses dettes vis-à-vis des pays exportateurs. Ces opérations apparaissent sur le compte du département monétaire de la Banque de la façon suivante :

Département monétaire de la nouvelle Banque mondiale [DM]			
Actif			*Passif*
Pays A, ses importations	100 UMi	Pays B, ses exportations	100 UMi
Pays B, ses importations	100 UMi	Pays A, ses exportations	100 UMi
Résultat	*0 UMi*	*Résultat*	*0 UMi*

Nous constatons qu'à la fin de la période élémentaire chacun de ces pays a financé ses importations par ses exportations et que le département monétaire récupère la totalité du montant émis. À la fin de la période élémentaire, les créances et dettes ayant été compensées, les comptes de ce département s'annulent. Le département monétaire récupère donc tous les montants qu'il avait avancés. À la fin de la période élémentaire n'apparaît aucune liquidité internationale.

Le second ensemble est composé de deux sous-ensembles de pays. Le premier sous-ensemble réalise des balances commerciales excédentaires et le deuxième sous-ensemble réalise des balances commerciales déficitaires. Dans le nouveau système monétaire et financier international, dans un premier temps, le département monétaire de la nouvelle Banque interviendra. À la demande des pays acheteurs, ce département émettra le montant de monnaie nécessaire à la monétisation des échanges de l'ensemble de ces pays. À la fin de chaque période élémentaire, apparaîtra sur le bilan du département monétaire le résultat nul, positif ou négatif de la balance commerciale de chaque pays. L'ensemble des résultats positifs et négatifs feront apparaître sur le bilan du premier département le montant de créances et de dettes de chaque pays.

Dès l'apparition de ces résultats, le département financier de la nouvelle Banque interviendra et prendra en charge le montant des créances et des dettes des pays exportateurs nets et des pays importateurs nets. Par définition, à chaque période, le montant représentant l'ensemble des exportations nettes est égal au montant représentant l'ensemble des importations nettes. Ces montants représentant les créances et les dettes des pays apparaîtront sur le bilan du département financier de la nouvelle Banque. Ainsi le département financier prêtera automatiquement le montant représentant les exportations nettes aux pays importateurs nets. Ce cas ne fera apparaître aucune liquidité internationale non plus. En effet, à la fin de chaque période élémentaire, la totalité du montant de monnaie émise par le département monétaire pour monétiser l'ensemble des échanges sera récupérée par ce département. Cette récupération par le département monétaire vaudra la destruction de la totalité de la monnaie émise par ce même département. Par conséquent, à chaque période élémentaire, la monnaie apparaîtra pour monétiser et comptabiliser l'ensemble des échanges et elle disparaîtra à la fin de chaque période élémentaire. Ce qui restera, ce seront les créances et les dettes des pays exportateurs nets et des pays importateurs nets. Ces créances et dettes seront représentées sur le bilan du département financier.

Un exemple : supposons deux sous-ensembles de pays, un sous-ensemble de pays C et un sous-ensemble de pays D.

Dans une période élémentaire, le sous-ensemble de pays C importe pour 100 UMi et exporte pour 200 UMi. Ce sous-ensemble de pays demande au département monétaire de la nouvelle Banque d'émettre le montant de monnaie nécessaire, soit 100 UMi, pour monétiser et comptabiliser ses importations. Dans la même période, le sous-ensemble de pays D importe pour 200 UMi et exporte pour 100 UMi. Ce sous-ensemble de pays demande au département monétaire de la nouvelle Banque d'émettre le montant de monnaie nécessaire, soit 200 UMI, pour monétiser et comptabiliser ses importations. Le montant demandé par chacun de ces deux sous-ensembles de pays apparaîtra sur le compte du département monétaire de la Banque. À la fin de la période élémentaire, après les compensations faites entre les importations et les exportations de ces deux sous-ensembles, apparaîtra sur le bilan monétaire de la nouvelle Banque le montant de créances et de dettes de chacun de ces sous-ensembles. Par définition, le montant de ces créances et de ces dettes est égal. L'actif de ce département représente ses créances sur les pays importateurs nets. Son passif représente ses dettes vis-à-vis des pays exportateurs nets. Autrement dit, la nouvelle Banque mondiale deviendra créancière des pays importateurs nets et, pour le même montant, elle deviendra débitrice des pays exportateurs nets. Ces opérations apparaissent sur le compte du département monétaire de la Banque de la façon suivante :

Département monétaire de la nouvelle Banque mondiale [DM]			
Actif			*Passif*
C, ses importations	100 UMi	D, ses exportations	200 UMi
D, ses importations	200 UMi	C, ses exportations	100 UMi

À la fin de la période élémentaire, après les compensations faites, le bilan de ce département présente la situation suivante :

Département monétaire de la nouvelle Banque mondiale [DM]			
Actif			*Passif*
D	100 UMi	C	100 UMi

À la fin de la période élémentaire, le résultat du bilan du département monétaire permet de constater que le sous-ensemble C a réalisé une balance commerciale excédentaire pour un montant de 100 UMi et que le sous-ensemble D a réalisé une balance commerciale déficitaire pour un montant de 100 UMi. Il permet aussi de constater que le département monétaire récupère la totalité du montant qui a permis de monétiser ces échanges et fait apparaître une créance de 100 UMi sur le sous-ensemble du pays D (présenté à l'actif de la Banque) et une dette de 100 UMi vers le sous-ensemble du pays C (présenté au passif de la Banque). Dès que ces créances et dettes apparaissent, le département financier intervient pour les prendre en charge. Ce cas non plus ne fait apparaître aucune liquidité internationale. Mais il fait apparaître les créances des pays exportateurs nets et les dettes des pays importateurs nets. Ces créances et dettes sont des opérations financières, c'est pourquoi elles apparaissent sur le compte du département financier de la nouvelle Banque.

Département monétaire de la nouvelle Banque mondiale [DM]			
Actif			*Passif*
D, son solde	100 UMi	C, son solde	100 UMi
C, transfert au DF	100 UMi	D, transfert au DF	100 UMi
Résultat	*0 UMi*	*Résultat*	*0 UMi*

Département financier de la nouvelle Banque mondiale [DF]			
Actif			*Passif*
D, dette (tft de DM)	100 UMi	C, créance (tft de DM)	100 UMi
D	*100 UMi*	*C*	*100 UMi*

Le bilan du département financier de la nouvelle Banque mondiale permet de constater que le sous-ensemble de pays D est débiteur de ce département et que le sous-ensemble de pays C est créancier de ce département. L'ensemble de ces opérations se fera automatiquement. Toutefois, les dirigeants de la nouvelle Banque auront la responsabilité de tenir compte de la situation de chaque pays endetté, nous verrons comment.

Dans le cadre du fonctionnement du nouveau système monétaire et financier international, les échanges internationaux ne feront plus apparaître la liquidité internationale. La disparition de la liquidité internationale entraînera la disparition du marché financier international et de toutes sortes de spéculations au niveau mondial.

Nous avons vu, en effet, que c'est le département financier de la nouvelle Banque qui prendra en charge les créances et les dettes et qui deviendra créancier des pays importateurs nets et débiteur des pays exportateurs nets. Ainsi les pays exportateurs nets ne seront pas tenus de savoir à quels pays seront prêtées leurs créances représentant leurs excédents commerciaux. La nouvelle Banque mondiale sera garante de leurs créances. La nouvelle

Banque sera indépendante de tous les pays pour monétiser les échanges et pour prêter les excédents commerciaux.

Les pays endettés vis-à-vis du département financier de la nouvelle Banque devront, pour honorer leurs dettes, réaliser, dans les périodes à venir, des balances commerciales excédentaires pour le montant de leurs dettes. Leurs dettes diminueront automatiquement, au fur et à mesure qu'ils réaliseront des balances commerciales excédentaires, jusqu' à l'extinction de leurs dettes.

Il faudrait, toutefois, distinguer cinq ensembles de pays endettés. Le premier ensemble de pays pourra honorer ses dettes dans les délais prévus. Ces pays ne présentent donc pas de risques, de problèmes ou de situations particulières. Le deuxième ensemble sera composé des pays qui auront des difficultés passagères pour pouvoir honorer leurs dettes dans les délais prévus. Dans le cadre du nouveau système, la nouvelle Banque aura la possibilité d'accorder à ces pays de nouveaux délais, en tenant compte de leurs réelles difficultés passagères (économiques, politiques, etc.) et de leur bonne foi. Elle aura la possibilité d'accorder de nouveaux délais, car, à chaque période, le montant représentant l'ensemble des exportations nettes sera toujours égal au montant représentant l'ensemble des importations nettes. Le troisième ensemble sera composé des pays dont les dirigeants ne seront pas de bonne foi. Ces dirigeants, pour des raisons d'intérêt politique ou parce qu'ils seront sous l'influence des lobbies (par exemple, des financiers qui auront délocalisé leur production ou leurs entreprises), rechigneront à diminuer leurs importations, afin de réaliser des balances commerciales excédentaires leur permettant d'honorer leurs dettes. Dans ce cas, les dirigeants de la nouvelle Banque, après des mises en garde, pourront prendre la décision d'exclure ces pays du nouveau système monétaire et financier international et donc de la nouvelle Banque mondiale. Le montant non honoré par les pays exclus pourrait être compensé par un prélèvement sur l'ensemble des échanges internationaux, prélèvement qui ne devrait pas dépasser 0,1 % des échanges de chaque période considérée.

Les cas du quatrième ensemble et du cinquième ensemble nécessiteront des attentions particulières. Le quatrième ensemble sera composé des pays en développement ou des pays les moins avancés économiquement, mais qui tireront des contrats d'exploitation et de la vente de leurs ressources naturelles des fonds financiers suffisants pour financer leur développement. Ces pays n'auront pas besoin des aides financières des organisations internationales ou de la nouvelle Banque mondiale pour financer leur développement. Ils auront besoin d'abord et avant tout de gouvernants qui ne cherchent pas le pouvoir pour le pouvoir ni pour s'enrichir, des gouvernants qui ne soient pas sous l'influence des lobbies des entreprises, des financiers et des États qui chercheraient à obtenir des contrats d'exploitation et d'exportation de leurs ressources naturelles. Ils auront besoin donc de gouvernants compétents, indépendants de toutes sortes de pressions et de toutes sortes de lobbies, des gouvernants qui soient au service de leur pays et de sa population. Mais ils auront besoin aussi des organisations internationales qui les aideront à faire face à toutes sortes de pressions et de lobbies. Ils auront besoin d'experts en développement que la nouvelle Banque mondiale pourra mettre à leur disposition pour les conseiller et leur apporter des aides techniques afin qu'ils mettent en valeur et emploient au mieux leurs ressources humaines, naturelles, techniques, financières, etc. Ils auront besoin enfin de coopérations régionales et d'une coopération internationale. La coopération régionale leur permettra de mettre en commun et en valeur leurs ressources humaines, naturelles, techniques, financières, etc. La coopération internationale aura pour objectif de leur permettre de développer et d'améliorer l'enseignement, la formation, la recherche, la santé, la culture, etc. Les organisations internationales pourraient faciliter et favoriser l'établissement de ces coopérations.

Le cinquième ensemble sera composé aussi des pays les moins avancés économiquement, mais des pays qui n'auront pas les ressources financières suffisantes pour entrer dans l'ère du développement soutenu. Pour ces pays, les organisations internationales, dont la nouvelle Banque mondiale essentiellement, devront et pourront jouer un rôle important. Mais étant donné que les dirigeants de ces pays sont les premiers responsables de la réussite ou de l'échec du développement de leur pays, ces dirigeants devront avoir les qualités requises que nous venons d'évoquer, cela afin que les aides extérieures puissent atteindre leurs véritables objectifs. Le nouveau système monétaire et financier international ouvrira la voie à la nouvelle Banque mondiale pour apporter son aide financière et ses conseils à ces pays. À cette fin, elle constituera un fonds de solidarité en leur faveur. Ce fonds sera alimenté par un prélèvement sur les échanges internationaux. Le taux de ce prélèvement sera fixé entre 0,5 % et 1 %, selon les besoins financiers et les besoins de conseils de ces pays et selon l'ambition des dirigeants de la nouvelle Banque mondiale. Celle-ci n'aura aucun mal à effectuer ce prélèvement, car tous les échanges internationaux passeront par ses comptes[14]. Elle pourra accorder à ces pays des aides financières de façon indépendante et libre. En effet, la nouvelle Banque mondiale, pour accorder ses aides, ne dépendra plus du marché financier international, qui d'ailleurs n'existera plus. Elle sera libre, car elle sera indépendante de tous les pays, de ce fait, elle ne sera plus obligée de tenir compte de l'avis de ceux qui, pour des raisons politiques ou idéologiques, se seraient opposés à ce que l'un ou l'autre de ces pays soit aidé financièrement par les organisations internationales, comme c'est le cas actuellement. Les prélèvements destinés à aider financièrement ces pays diminueront au fur et à mesure que les besoins s'en feront de moins en moins sentir et cela jusqu'à l'extinction, c'est-à-dire au fur et à mesure que ces pays se développeront et jusqu'à ce qu'ils puissent satisfaire les besoins économiques de leur population sans aide extérieure.

Enfin, il serait souhaitable que la nouvelle Banque mondiale puisse constituer un fonds destiné à faire face aux catastrophes naturelles (tremblements de terre, inondations, famine due aux mauvaises récoltes dans certains pays, etc.). Ce fonds pourra aussi être alimenté par un prélèvement sur les échanges internationaux. Le taux de ce prélèvement sera fixé à 0,1 %, mais il pourra être modifié selon les besoins. En effet, la Banque

14 Selon l'Organisation Mondiale du Commerce, en 2022, le montant du commerce international marchandises était de plus de 24.925 milliards de dollars (source : https://stats.wto.org/). 0,5 % de ce montant représente environ 125 milliards de dollar par an. Or, depuis sa création, la Banque mondiale actuelle n'a jamais pu mobiliser un tel montant en une seule année.

mondiale actuelle, lorsqu'elle souhaite venir en aide aux pays où ces catastrophes ont lieu, est obligée de faire appel au bon vouloir de certains pays. Or les pays qui répondent à ces appels sont rares et les fonds qu'elle récolte sont souvent largement insuffisants.[15]

Ainsi dans le cadre du nouveau système monétaire et financier international, la nouvelle Banque mondiale mettra à égalité tous les pays pour monétiser leurs échanges et pour financer les déficits des pays qui réaliseront des balances commerciales déficitaires. Par exemple, les pays qui réaliseront des balances commerciales déficitaires seront pris en charge par son département financier, compte tenu de la situation de chaque pays. Elle pourra venir en aide aux pays qui en auront besoin. Mais elle pourra aussi sanctionner les pays qui ne respecteront pas les délais de remboursement ou les règles qu'elle aura fixées. Enfin, elle sera garante des créances des pays qui réaliseront des balances commerciales excédentaires, car elle pourra faire face aux risques de non-paiement de certains pays, comme nous l'avons vu.

IV. La détermination du taux d'intérêt monétaire et du taux d'intérêt financier qui seront appliqués par la nouvelle Banque mondiale

Nous avons vu que, dans le nouveau système monétaire et financier international, ce ne sera plus la monnaie d'un pays qui monétisera les échanges internationaux. En outre, le nouveau système fera disparaître la confusion qui existe dans le "système" actuel entre le rôle que doit jouer la monnaie, monétiser les échanges, et le rôle que doit jouer la finance dans les échanges internationaux, financer les déficits des balances commerciales. En effet, cette confusion est à l'origine de la confusion entre taux d'intérêt monétaire et taux d'intérêt financier, de même qu'elle est à l'origine de l'apparition de la liquidité internationale et du

15 Les catastrophes naturelles sont évaluées par la Banque mondiale de 2017 à 2022 à 207 milliards de dollars par an (source : https://www.banquemondiale.org/fr/topic/disasterriskmanagement/overview)

marché financier international, où est déterminé le taux d'intérêt de la prétendue monnaie internationale. Précisons que ce taux d'intérêt peut être actuellement fortement influencé par le taux d'intérêt appliqué par les banques américaines. Cette influence est due au fait que les pays emprunteurs ont le choix entre emprunter sur le marché financier international ou auprès des banques américaines. Nous avons vu que le nouveau système fera disparaître la liquidité internationale, donc la nécessité du marché financier international, il fera disparaître aussi tout raisonnement en termes de liquidité internationale, dont les variations supposées ou réelles influencent le niveau des taux d'intérêts.

Dans le nouveau système, le département monétaire de la nouvelle Banque mondiale émettra une véritable monnaie internationale qui sera destinée uniquement à monétiser ces échanges. Cette Banque fixera donc son taux d'intérêt monétaire. Elle le fixera à un niveau lui permettant d'assurer les frais de fonctionnement de son département monétaire. La monnaie sera créée pour monétiser les échanges et elle sera récupérée à la fin de chaque période élémentaire. Par conséquent, le taux d'intérêt monétaire concernera cette période, la journée par exemple. Je pense qu'il devrait être fixé entre 0,0001 %, et 0,0002 %, par période élémentaire. Il sera prélevé sur l'ensemble des échanges, à chaque période élémentaire.

Dans le nouveau système monétaire et financier international, les pays qui réaliseront une balance commerciale excédentaire n'auront plus besoin de chercher les placements sûrs et les mieux rémunérés ; les pays qui réaliseront une balance commerciale déficitaire n'auront plus besoin de s'adresser au marché financier international pour financer leur déficit commercial. D'ailleurs ce marché n'existera plus. Il n'y aura plus non plus de discrimination de taux d'intérêts par l'offre et la demande. Il n'y aura plus non plus de taux d'intérêts différents en fonction de la situation économique, politique, etc. des pays. En effet, ce sera le département financier de la nouvelle Banque qui prendra en charge l'ensemble des créances et des dettes résultant des échanges internationaux. Cette Banque fixera son taux d'intérêt financier à un niveau lui permettant d'assurer les frais de fonctionnement de ce département. Ce taux ne devrait pas dépasser 0,05 % par an et il sera payé par les pays déficitaires.

Les pays les moins avancés économiquement qui bénéficient du fonds de solidarité seront dispensés de payer des intérêts.

En fait, la détermination, par la nouvelle Banque mondiale, des taux d'intérêt monétaire et financier respectera simplement les règles du fonctionnement normal de l'économie. Le taux d'intérêt monétaire fixé par la nouvelle Banque respectera la règle selon laquelle l'émission de monnaie ne doit pas donner droit au seigneuriage. (Les taux d'intérêt qui dépassent les frais d'émission de monnaie et le risque des prêts monétaires ne sont rien d'autre que l'exercice d'un seigneuriage qui est appliqué actuellement par les banques lorsqu'elles émettent de la monnaie.) Nous l'avons vu, dans le nouveau système monétaire et financier international, ce taux sera fixé à un niveau permettant d'assurer uniquement les frais de fonctionnement du département monétaire. Dans le nouveau système monétaire et financier international, il n'y aura pas de risque monétaire, puisque le département monétaire de la nouvelle Banque récupèrera la totalité du montant émis à la fin de chaque période élémentaire.

La nouvelle Banque, en fixant le taux d'intérêt financier à un niveau lui permettant d'assurer uniquement les frais de fonctionnement de son département financier, respectera la règle selon laquelle les placements financiers ne doivent pas devenir une source de revenu. En d'autres termes, on ne doit pas gagner de l'argent avec de l'argent. Dans le cas qui nous intéresse ici, ces placements (prêts financiers accordés par la nouvelle Banque) ne deviendront pas une source de revenu pour les pays qui réaliseront une balance commerciale excédentaire. Par conséquent, le fonctionnement du nouveau système monétaire et financier international permettra aussi de réduire l'ardeur des dirigeants qui voudront tout faire et à tout prix pour que leur pays réalise des balances commerciales excédentaires, afin de placer leurs excédents sur le marché financier dans le seul but de gagner de l'argent avec de l'argent.

En outre, ces taux d'intérêt, monétaire et financier, permettront de réduire les charges monétaires de tous les pays qui participeront aux échanges et les charges financières des dettes des pays qui auront réalisé des balances commerciales déficitaires. Enfin, le nouveau système monétaire et financier international écartera le risque de surendettement qui existe actuellement, surendettement dû aussi au cumul des intérêts non payés.

V. La nouvelle Banque mondiale permettra de faciliter et de favoriser la détermination des taux de change dans le respect de la parité des pouvoirs d'achat

L'économie internationale est une économie d'échange. Le principal objectif de l'économie d'échange, donc de l'économie internationale, est la réalisation de l'enrichissement mutuel de ceux qui participent aux échanges ou des pays qui participent aux échanges internationaux. Les deux conditions de la réalisation de l'objectif des échanges internationaux sont, d'une part que les taux de change soient déterminés dans le respect de la parité des pouvoirs d'achat, d'autre part que les balances commerciales soient équilibrées. Or, actuellement cet objectif n'est pas réalisé, ce qui est dû essentiellement au fait que les taux de change actuels sont déterminés arbitrairement, imposés par les dirigeants de certains pays ou même imposés à certains pays par les dirigeants du FMI. De ce fait, les échanges internationaux font apparaître des pays gagnants et des pays perdants.

Actuellement, les dirigeants de certains pays imposent le taux de change de leur monnaie, sous-évaluée, pour augmenter leurs exportations et réaliser des balances commerciales excédentaires. De tels dirigeants vont à l'encontre de l'intérêt de l'immense partie de la population de leur pays. En effet, l'immense majorité des habitants de ces pays perdent à quatre niveaux une partie de leur pouvoir d'achat réel : une première fois, du fait que la monnaie de leur pays est sous-évaluée ; une deuxième fois, du fait que leur pays réalise une balance commerciale excédentaire ; une troisième fois, du fait que les devises obtenues en contrepartie des exportations nettes sont converties en monnaie nationale et dépensées sur le marché des produits de chaque pays considéré ; une quatrième fois, du fait de la dépense du profit inflationniste sur le marché des produits. Précisons que le profit inflationniste apparaît lorsque la monnaie, non transformée en revenu, est dépensée directement sur le marché des produits. Rappelons en outre que les échanges internationaux, selon qu'ils sont réalisés ou non dans le respect de la parité des pouvoirs d'achat, favorisent ou non l'entente pacifique entre les pays qui participent à ces échanges.

La réforme proposée ici, qui aboutira à la création de la nouvelle Banque mondiale, ouvrira la voie à la détermination des taux de change dans le respect de la parité des pouvoirs d'achat, à la réalisation des échanges dans l'équivalence, à la réalisation du principal objectif des échanges internationaux et donc à la réalisation de l'entente pacifique entre les pays. En effet, trois des conséquences positives de cette réforme seront la disparition de la confusion qui existe actuellement entre les relations monétaires et financières au niveau international, la disparition de la liquidité internationale et donc la disparition des marchés monétaire et financier au niveau international. Ces disparitions écarteront la possibilité de déterminer les taux de change sur ces marchés, c'est-à- dire de façon arbitraire.

En fait, deux théories s'opposent sur la façon de déterminer les taux de change. La première, la théorie néoclassique, propose de déterminer les taux de change sur le marché par l'offre et la demande de monnaie de chaque pays. Cette proposition découle du fait que la théorie néoclassique considère la monnaie comme un bien. Or, la monnaie ne peut être ni considérée comme un bien ni étudiée comme un bien. La monnaie est un symbole, un numéraire, un moyen d'échange ou un équivalent général. C'est pourquoi les taux de change déterminés sur le marché sont arbitraires. C'est pourquoi aussi les échanges réalisés dans le cadre des taux de change arbitraires ne sont pas réalisés dans l'équivalence. C'est pourquoi, enfin, ils font apparaître des pays gagnants et des pays perdants. La seconde, la théorie rationnelle que je propose, ne considère pas la monnaie comme un bien. Elle propose de déterminer les taux de change dans le respect de la parité des pouvoirs d'achat, afin d'assurer que les échanges se réalisent dans l'équivalence. C'est ce que permet de comprendre la sous-section qui suit.

V.1. Comment déterminer les taux de change dans le respect de la parité des pouvoirs d'achat

Les taux de change jouent un rôle important sur les relations qui découlent des échanges entre les pays. Selon qu'ils sont établis dans le respect de la parité des pouvoirs d'achat ou déterminés arbitrairement ou encore imposés, ils ont des conséquences positives ou négatives sur les résultats de ces échanges, sur les décisions de délocaliser ou non, sur la concurrence égale ou inégale entre les pays, sur les relations de confiance ou de défiance entre les pays, sur l'entente pacifique ou les tensions politiques entre les pays, etc.

Au préalable il nous faut écarter la confusion faite par certains soi-disant économistes et politiques qui croient qu'il existe une relation entre le pouvoir d'achat réel par habitant dans différents pays et les taux de change. Cette confusion est à l'origine de l'affirmation infondée selon laquelle la main-d'œuvre est moins chère dans certains pays que dans d'autres. Pour écarter cette confusion, nous devons savoir quel est l'objectif de la détermination du pouvoir d'achat réel par habitant dans chaque pays et comment celui-ci est déterminé, quel est l'objectif de la détermination des taux de change et comment ceux-ci sont déterminés.

L'objectif de la détermination du pouvoir d'achat réel par habitant est de connaître le pouvoir d'achat réel moyen dans chaque pays. Sa détermination passe par le rapport suivant : production totale de chaque pays divisée par le nombre de ses habitants. Prenons deux pays : pays A et pays B. Supposons que la population de chacun de ces deux pays est de 100 habitants. Supposons que la production du pays A est de 200 UP (unité de produit) et que la production du pays B est de 100 UP. La relation évoquée permet de constater que le pouvoir d'achat réel par habitant est deux fois plus élevé dans le pays A que dans le pays B, cela résulte simplement du fait que la production par habitant est deux fois plus élevée dans le pays A que dans le pays B. Mais la comparaison des niveaux de pouvoir d'achat réel par habitant ne donne aucune indication sur le taux de change des monnaies de ces deux pays, ni sur le coût de la main-d'œuvre dans ces pays. En d'autres termes, ce n'est pas parce qu'on constate que le pouvoir d'achat réel par habitant est deux fois moins élevé dans le pays B que dans le pays A qu'on doit en conclure que la monnaie du pays B doit être deux fois sous-évaluée par rapport à la monnaie du pays A ou que le coût de la main-d'œuvre est deux fois moins cher dans le pays B que dans le pays A.

L'objectif de la détermination des taux de change est de réaliser les échanges internationaux dans l'équivalence. À cette fin, il faut déterminer la quantité de monnaie qu'un pays, pays A, doit échanger contre une unité de monnaie d'un autre pays, pays B par exemple, pour pouvoir acheter, par la dépense d'une quantité donnée de sa monnaie, la même quantité de produits dans le pays A et dans le pays B. Les taux de change ainsi déterminés respectent la parité des pouvoirs d'achat et donc assurent la réalisation des échanges dans l'équivalence.

Par conséquent, étant donné, d'une part que les objectifs de la détermination du pouvoir d'achat réel par habitant dans chaque pays et de la détermination des taux de change ne sont pas les mêmes, d'autre part que ce ne sont pas les mêmes éléments qui permettent de déterminer le pouvoir d'achat réel par habitant dans chaque pays et les taux de change, il ne peut pas y avoir de rapport ni de confusion entre le pouvoir d'achat réel par habitant et les taux de change.

Certains économistes, de vrais économistes cette fois, ont proposé que la détermination des taux de change soit établie dans le respect de la parité des pouvoirs d'achat pour que les échanges internationaux se réalisent dans l'équivalence. À cette fin, ils ont proposé de choisir un panier de produits, chaque pays devant mettre dans son panier une quantité donnée de produits, en supposant que les produits des paniers de tous les pays étaient sensiblement identiques ou comparables. Chaque pays devait déterminer le prix des produits de son panier et les prix comparatifs de tous ces paniers devaient permettre de déterminer les taux de change dans le respect de la parité des pouvoirs d'achat.

Toutefois cette façon de déterminer les taux de change n'a pas été retenue, essentiellement pour des raisons partisanes. En effet, certains économistes et certains politiques, au service des financiers et spéculateurs, ont critiqué et critiquent toujours cette façon de déterminer les taux de change. Ils mettent en cause l'hypothèse selon laquelle les produits déposés dans les paniers sont sensiblement identiques ou comparables. Ils pensent donc que les produits des paniers des différents pays n'étant pas sensiblement identiques ou comparables, il n'est pas possible de les comparer et, partant, il n'est pas possible de déterminer les taux de change dans le respect de la parité des pouvoirs d'achat. Or, cette critique est infondée. Néanmoins elle a eu et elle a toujours une influence considérable, puisqu'elle a empêché, jusqu'à présent, de déterminer les taux de change dans le respect de la parité des pouvoirs d'achat. En fait ces économistes, qui influencent les politiques qui répètent ce qu'ils entendent, ne voient pas que, en dernière analyse, ce ne sont pas les produits composant les paniers qui sont comparés, mais les prix des paniers. Ils ne voient pas que le prix de chaque panier permet de déterminer la quantité de monnaie nécessaire pour acheter une quantité donnée de produits de consommation couramment achetés dans chaque pays. Ils ne peuvent donc pas voir que l'intuition de ceux qui ont proposé de déterminer les taux de change par la comparaison des prix des paniers de produits était juste.

Prenons l'exemple des paniers de produits de la France et de la Chine. Le panier français est composé des produits couramment consommés en France. Il est composé de produits alimentaires tels que : des pommes de terre, du café, etc. mais aussi de produits durables tels que : des ordinateurs et de l'électroménager, etc. Les Français déterminent le prix de leur panier. Le panier chinois est composé des produits couramment consommés en Chine. Il est composé de produits alimentaires tels que : du riz, du thé, etc. mais aussi de produits durables tels que : des ordinateurs et de l'électroménager, etc. Les Chinois aussi déterminent le prix de leur panier. La détermination des taux de change résulte de la comparaison des prix des paniers et cela bien que les goûts alimentaires des Français et des Chinois ne soient pas les mêmes et que les produits durables achetés par les Français et par les Chinois ne soient pas forcément de même marque.

On compare donc le prix des paniers, sans supposer que les produits qui composent les paniers sont sensiblement identiques ou comparables. En effet, nous l'avons vu, le prix du panier de chaque pays permet de déterminer quel montant de monnaie est nécessaire pour acheter une quantité donnée de produits couramment consommés dans chaque pays considéré. C'est la comparaison des prix des paniers qui fonde l'élément permettant de déterminer les taux de change dans le respect de la parité des pouvoirs d'achat.

Un exemple : pour simplifier prenons deux pays, pays A et pays B ; supposons que le panier de chacun de ces pays est composé de 100 UP (UP = unité de produit) couramment consommées dans le pays A et dans le pays B; supposons que le prix du panier du pays A est de 100 UMa (UMa = unité de monnaie du pays A) et que le prix du panier du pays B est de 200 UMb. Le taux de change qui respecte la parité des pouvoirs d'achat est déterminé par la relation suivante :

100 UP = 100 UMa = 200 UMb, d'où 1 UMa = 2UMb.

Le taux de change ainsi déterminé permet de constater que si l'on détient 100 UMa, on peut acheter la même quantité de produits dans le pays A et dans les pays B ; si l'on détient 200 UMb, on peut acheter la même quantité de produits dans le pays A et dans le pays B.

V.2. Résultats de l'application des taux de change déterminés dans le respect de la parité des pouvoirs d'achat

L'application des taux change déterminés dans le respect de la parité des pouvoirs d'achat permet d'écarter les maux résultant de l'application des taux de change arbitraires. Elle permet d'assurer la réalisation des échanges internationaux dans l'équivalence. Ce premier résultat est fondamental, car les résultats qui suivent en découlent. En effet, lorsque les nouveaux taux de change seront appliqués, les échanges internationaux ne feront apparaître ni pays gagnants ni pays perdants. Il n'y aura plus de pays pillés par la ruse (pillages qui résultent de l'application des taux de change très arbitraires). Il n'y aura plus de concurrence inégale entre les produits sur le marché international où tous les pays se trouveront à égalité. Les taux de change déterminés dans le respect de la parité des pouvoirs d'achat feront disparaître les taux de change arbitraires qui font croire que la main-d'œuvre est moins chère dans certains pays que dans d'autres. Les financiers des entreprises n'auront plus aucun intérêt à faire produire dans certains pays pour vendre les produits ainsi réalisés dans d'autres pays, situés parfois à plusieurs milliers de kilomètres des lieux de leur fabrication, ce qui sera plus favorable à la planète. Il n'y aura donc plus de délocalisations dont l'objectif est mercantile et dont les conséquences sont désastreuses. Il y aura des relocalisations. Il n'y aura plus de pays qui font fonction d'usines du monde où certains ouvriers travaillent dans des conditions inhumaines et où ils sont traités comme les esclaves des temps modernes. Il y aura une diminution relative des échanges internationaux, ce qui sera aussi favorable à la planète. L'évolution économique de certains pays ne se réalisera plus au détriment de l'évolution économique d'autres pays. Chaque pays, selon ses ressources humaines, naturelles, techniques et financières, pourra réaliser les produits dont il a besoin. Les producteurs se rapprocheront des consommateurs, ce qui est favorable à l'environnement. Ces résultats, qui seront les conséquences de l'application des taux de change établis dans le respect de la parité des pouvoirs d'achat et donc de la réalisation des échanges dans l'équivalence, écarteront les causes de conflits dus aux relations économiques entre les pays et favoriseront aussi les conditions de la réalisation de l'entente pacifique entre les pays.

Dans le nouveau système monétaire et financier international ce sera la nouvelle Banque mondiale qui aura la responsabilité d'établir les taux de change dans le respect de la parité des pouvoirs d'achat. Elle aura la responsabilité d'exiger que tous les pays membres de cette organisation internationale déterminent les taux de change de leur monnaie dans le respect de la parité des pouvoirs d'achat et s'y tiennent. Les pays qui imposeront des taux de change établis arbitrairement seront exclus du nouveau système monétaire et financier international et donc de la nouvelle Banque mondiale. Les nouveaux taux de change ainsi établis seront susceptibles de varier dans le temps, du fait que le taux d'inflation-hausse des prix ne sera pas forcément le même dans tous les pays. La nouvelle Banque mondiale aura la charge de veiller à ce que les ajustements nécessaires soient effectués et de sanctionner les pays qui passeraient outre.

VI. Synthèse des avantages du fonctionnement de la nouvelle Banque mondiale dans le cadre du nouveau système monétaire et financier international

L'avantage le plus important, celui duquel découlent tous les autres, est que le fonctionnement du nouveau système sera régi par des règles qui découlent des principes de l'économie, principes établis par une théorie rationnelle. Le nouveau système fera apparaître une nouvelle Banque mondiale qui sera indépendante de tous les pays et de tous les lobbies et qui sera au service de tous les pays et de la population mondiale. Ce sera une véritable Banque qui émettra la monnaie internationale, indépendante de toute monnaie nationale. Elle émettra le montant de la monnaie internationale nécessaire pour monétiser les échanges internationaux. Elle prendra en charge les résultats des balances commerciales. Elle prendra en charge les créances et les dettes entre les pays. Tous les pays qui réaliseront des balances commerciales déficitaires seront à égalité pour financer leurs déficits commerciaux. La nouvelle Banque mondiale distinguera les prêts monétaires, émission de monnaie destinée à monétiser les échanges, des prêts financiers, destinés à financer les déficits des balances commerciales. Elle distinguera et déterminera le taux d'intérêt monétaire et le taux d'intérêt financier. Le taux d'intérêt financier appliqué par la nouvelle Banque fera diminuer la charge de la dette des pays qui réaliseront des balances commerciales déficitaires. Dans le nouveau système, il n'y aura donc plus ni pays dominants ni pays dominés. Le fonctionnement du nouveau système monétaire et financier international ne fera plus apparaître la liquidité internationale. Il fera disparaître la nécessité de l'existence d'un marché financier international. Par conséquent, il fera disparaître les lieux où sont réalisées actuellement toutes sortes de spéculations au niveau international, les spéculations sur le marché monétaire, sur le marché financier, sur les ressources naturelles, sur les produits alimentaires, etc. Il fera donc disparaître aussi les crises financières au niveau international.

Dans le nouveau système, les échanges internationaux se réaliseront dans l'équivalence et ils ne feront plus apparaître des pays perdants et des pays gagnants, car les taux de change seront établis dans le respect de la parité des pouvoirs d'achat. En effet, le nouveau système facilitera et favorisera les conditions de l'établissement des taux de change dans le respect de la parité des pouvoirs d'achat. Le nouveau système monétaire et financier international rendra inutiles les délocalisations dont l'objectif est mercantile, car les financiers des entreprises n'auront plus aucun intérêt à délocaliser. La nouvelle Banque mondiale constituera un fonds de solidarité pour aider, de façon indépendante tout en respectant des règles, les pays les moins avancés économiquement. Elle constituera un fonds pour faire face au non-paiement de la dette de certains pays. Elle constituera un fonds pour venir en aide, de façon indépendante, aux pays touchés par des catastrophes naturelles ou autres.

VII. Dans le nouveau système monétaire et financier international, le FMI ne sera plus nécessaire

Pour justifier cette affirmation, nous allons procéder en deux temps. Dans un premier temps, nous verrons pourquoi le FMI a été créé, ensuite, pourquoi il ne se préoccupe pas des problèmes fondamentaux posés par le fonctionnement du système monétaire et financier international actuel. À chaque étape nous établirons en quoi la nouvelle Banque mondiale, créée dans le cadre du nouveau système monétaire et financier international, écartera la nécessité du FMI.

Le FMI a été créé pour jouer essentiellement trois rôles : pour venir en aide à certains pays, pour résoudre les problèmes posés par le fonctionnement du système monétaire et financier international issu des accords de Bretton-Woods, pour surveiller les taux de change tout en tentant d'éviter les dévaluations compétitives. Ensuite, un quatrième rôle lui a été attribué : œuvrer pour faire face aux crises financières internationales.

Pourquoi le FMI passe-t-il sous silence les causes des problèmes fondamentaux que pose le fonctionnement du système monétaire et financier international actuel ? En fait, et en dernière analyse, la nécessité du FMI est l'une des conséquences du fonctionnement du système actuel, car le fonctionnement de ce "système" est régi par des règles arbitraires, comme nous l'avons déjà démontré. L'une des principales règles arbitraires, dans ce système, est le fait d'avoir choisi la monnaie d'un pays pour jouer le rôle de monnaie internationale. Ce choix a fait apparaître une confusion entre monnaie nationale et monnaie internationale. Le FMI ayant été créé dans le cadre du système actuel, ses dirigeants ne peuvent pas s'opposer à ce choix arbitraire. Ils sont obligés de le passer sous silence. Ils acceptent donc que la monnaie d'un pays joue le rôle de monnaie internationale. Pour la même raison, ils ne s'opposent pas à la confusion entre monnaie nationale et monnaie internationale. En réalité, ce choix constitue la principale raison qui a rendu nécessaire la création du FMI. En effet, la confusion entre monnaie nationale et monnaie internationale est à l'origine de l'apparition de la liquidité internationale et donc du marché financier international. L'ensemble des points évoqués est à l'origine des problèmes et des crises financières engendrés par le fonctionnement du système monétaire et financier international actuel. Nous avons étudié ces problèmes et crises dans le chapitre I, consacré au FMI. Nous avons vu aussi que l'un des rôles du FMI était de faire face à une partie de ces problèmes et de ces crises. Nous avons vu enfin que le FMI ne pouvait ni les écarter ni les résoudre véritablement, car ils sont inhérents au "système" actuel.

En quoi la nouvelle Banque mondiale, qui sera créée dans le cadre du nouveau système monétaire et financier international, écartera les causes de ces problèmes et de ces crises et rendra donc non nécessaire l'existence du FMI ?

Dans le cadre du "système" monétaire et financier international actuel, tous les pays qui participent aux échanges internationaux et les pays qui réalisent des déficits de la balance commerciale sont dépendants dudit marché financier international ou des banques américaines pour monétiser leurs échanges et pour financer leurs déficits commerciaux. Dans le nouveau système cette dépendance disparaîtra et cela pour trois raisons liées. Premièrement, dans le nouveau système, la nouvelle Banque mondiale émettra la véritable monnaie internationale. Son département monétaire émettra le montant de monnaie nécessaire et suffisant pour monétiser l'ensemble des échanges internationaux. Ainsi la nouvelle Banque monétisera, comptabilisera et centralisera l'ensemble de ces échanges.

Deuxièmement, le nouveau système respectera les règles du fonctionnement normal de l'économie internationale, dont la règle selon laquelle les importations doivent être financées par les exportations et la règle selon laquelle les importations nettes doivent être financées par les exportations nettes. Le respect de ces règles fera disparaître la liquidité internationale et donc écartera le marché financier international. Troisièmement, son département financier prendra en charge les créances et les dettes de l'ensemble des pays qui participeront aux échanges internationaux et qui réaliseront des balances commerciales excédentaires ou déficitaires. Par conséquent, le nouveau système n'aura plus besoin d'un FMI pour : "Promouvoir la coopération monétaire internationale au moyen d'une institution permanente fournissant un mécanisme de consultation et de collaboration en ce qui concerne les problèmes monétaires internationaux."

Le fonctionnement du système actuel fait apparaître plusieurs catégories de pays qui ont plus ou moins de facilités, voire aucune facilité, pour obtenir des crédits sur le marché financier international ou auprès des banques américaines. La nouvelle Banque mondiale mettra fin à cette situation. Elle tiendra compte de la situation de chaque pays qui rencontrera des difficultés passagères, car tous les pays pourront financer le déficit de leur balance commerciale et ainsi le nouveau système n'aura plus besoin d'un FMI pour : "Donner confiance aux États membres en mettant les ressources générales du Fonds temporairement à leur disposition moyennant des garanties adéquates, leur fournissant ainsi la possibilité de corriger les déséquilibres de leurs balances des paiements sans recourir à des mesures préjudiciables à la prospérité nationale ou internationale." Précisons d'une part que le FMI, pour venir en aide aux pays, est lui-même dépendant des pays membres et du marché financier international, d'autre part que depuis plusieurs dizaines d'années, pour mettre ses ressources à la disposition des pays, le FMI exige de chaque pays concerné "qu'il aide" l'application des ajustements structurels. Or nous avons vu que ces ajustements avaient pour objectif d'imposer les exigences des néolibéraux, exigences dont l'application est favorable aux grands financiers mais non à la prospérité des pays qui les appliquent ni à la prospérité internationale.

Le fonctionnement du système actuel fait apparaître des pays surendettés. Il fait apparaître des pays qui n'ont pas, n'ont plus ou n'auront plus accès aux crédits qui leur sont nécessaires pour financer leur déficit commercial ou leur développement. Ce cas concerne essentiellement les pays les moins avancés économiquement. Or, le FMI ne peut rien faire pour ces pays. L'intervention de la Banque mondiale actuelle pour "aider" ces pays passe par des prêts qu'elle leur accorde mais, pour cela, la Banque mondiale actuelle dépend, elle-même, des marchés financiers. En outre, non seulement ces prêts sont insuffisants, mais ils aggravent l'endettement ou le surendettement de ces pays. La nouvelle Banque constituera un fonds de solidarité destiné à ces pays.

Le marché financier international actuel (les banques à travers le monde) est le lieu de toutes sortes de placements douteux et de toutes sortes de spéculations planétaires. Ce sont ces spéculations qui sont à l'origine des crises financières au niveau international. Lorsque la liquidité internationale augmente de façon importante (c'est souvent le cas, par exemple lorsque le prix du pétrole augmente fortement), les institutions financières font tout pour prêter même aux pays dont une analyse rapide permettrait de savoir qu'ils ne seront pas en mesure d'honorer leurs dettes. Ce sont essentiellement ces prêts "forcés" qui sont à l'origine du surendettement des pays et des crises de la dette des États. Le fonctionnement de la nouvelle Banque mondiale ne fera pas apparaître de liquidité internationale. Il tarira la source qui alimente le marché financier international et le fera disparaître. Il écartera donc les prêts "forcés". La disparition de ce marché écartera le lieu où s'effectuent actuellement toutes sortes de spéculations. Par conséquent, la disparition des spéculations planétaires, dont les spéculations monétaires et financières, fera disparaître la nécessité du FMI pour régler les crises de la dette des États et les crises monétaires et financières au niveau international. Il est évident que, de toute façon, le FMI ne peut rien faire pour écarter toutes les sortes de crises que nous avons évoquées. Il est non moins évident qu'il ne fait strictement rien pour écarter toutes sortes de placements douteux.

Dans le système monétaire et financier actuel les taux de change sont déterminés sur le marché ou imposés, ils sont donc arbitraires. Or, le FMI ne dénonce pas les taux de change arbitraires qui sont à l'origine de la concurrence inégale au niveau international et donc des échanges inégaux qui font apparaître des pays gagnants et des pays perdants, etc. Il accepte les situations établies (les taux de change arbitraires). Il tente seulement d'éviter les dévaluations compétitives, souvent sans grand succès (les dévaluations successives du yuan chinois au mois d'août 2015 en sont des exemples récents). Par ces interventions, dans ce domaine, le FMI ne défend pas l'intérêt de tous les pays, mais de certains pays et des grands financiers. Dans le nouveau système, la nouvelle Banque aura la responsabilité d'exiger l'établissement des taux de change dans le respect de la parité des pouvoirs d'achat. L'application de ces taux de change assurera la réalisation des échanges dans l'équivalence et ne fera donc plus apparaître des pays gagnants et des pays perdants. Elle fera disparaître la concurrence inégale, les délocalisations, etc. En outre, d'une part la détermination des taux de change dans le respect de la parité des pouvoirs d'achat, d'autre part la disparition de la liquidité internationale écarteront tout risque de spéculation sur les monnaies de certains pays, ce qui mettra fin aux crises monétaires, alors que dans le cadre du "système" actuel, le FMI n'a aucune possibilité d'écarter ce risque et donc ces crises. Enfin, les taux de change établis dans le cadre du fonctionnement du système monétaire et financier actuel favorisent les délocalisations. Ils favorisent donc l'augmentation des échanges internationaux, qui n'auraient pas lieu si les taux de change étaient établis dans le respect de la parité des pouvoirs d'achat. Ils favorisent le gaspillage des ressources énergétiques au détriment de l'environnement. On voit donc pourquoi l'existence d'une telle organisation internationale est bénéfique à certains pays et à certaines catégories, mais non à l'ensemble des pays et à la population mondiale.

Le système monétaire et financier international actuel confond le taux d'intérêt monétaire et le taux d'intérêt financier. Dans ce système les taux d'intérêt des prêts-emprunts internationaux sont déterminés sur le marché par l'offre et la demande de la monnaie dite internationale. Ce système fait apparaître un pays privilégié et dominant, le pays dont la monnaie joue le rôle de monnaie internationale. Il fait apparaître certains pays privilégiés au détriment d'autres pays. Il privilégie les financiers, surtout les grands financiers, aux dépens de l'immense majorité de la population mondiale. Le fonctionnement du système actuel ne favorise donc pas les conditions d'une entente pacifique entre les pays. Dans tous ces domaines le FMI ne peut rien faire non plus, car il est prisonnier du "système" dont il est issu. En revanche, le fonctionnement de la nouvelle Banque mondiale, dans le cadre du nouveau système monétaire et financier international, écartera les causes de l'apparition des conséquences néfastes que nous venons d'évoquer, car la nouvelle Banque appliquera les règles du fonctionnement normal de l'économie internationale.

En fait, le principal rôle affiché du FMI est de tenter de faire face aux problèmes posés par le fonctionnement du système monétaire et financier international actuel. Or, il ne parvient pas à assumer véritablement ce rôle. En réalité, son objectif non avoué est de tout faire pour défendre les intérêts de certains pays, en particulier le pays dont la monnaie joue le rôle de monnaie internationale, et pour que les grands créanciers et les grands spéculateurs (les grands financiers, privés ou institutionnels) récupèrent leurs créances ou leur mise, en cas de crises.

Précisons que le FMI ne s'intéresse pas véritablement au sort des petits spéculateurs qui perdent leur mise, car ceux-ci servent de chair à canon pour les grands spéculateurs, les grands financiers. En effet, dans le domaine de la spéculation financière, pour qu'il y ait des gagnants confirmés, il faut qu'il y ait des perdants confirmés. Aussi les tentatives du FMI pour faire face aux crises financières internationales dues à la spéculation et aux crises de la dette des États ont pour objectif de sauver la mise des grands spéculateurs (grands financiers, privés ou institutionnels) et des grands créanciers.

VIII. La nomination des dirigeants de la nouvelle Banque mondiale

Il existe actuellement un accord tacite entre les États-Unis et certains pays occidentaux sur la nomination des dirigeants de la Banque mondiale actuelle et du FMI. Ainsi la direction de la première revient aux États-Unis, tandis que la direction du second revient à l'un des pays occidentaux. Cette façon de désigner ces dirigeants non seulement est humiliante pour les autres pays, mais aussi elle fait planer le doute sur la neutralité des décisions et des actions de tels dirigeants et donc de ces organisations internationales elles-mêmes.

Les dirigeants de la nouvelle Banque mondiale auront la responsabilité d'appliquer les règles qui assureront le fonctionnement normal, harmonieux, de cette Banque. Nous l'avons vu, ces règles découlent des principes de l'économie. Par exemple, ils devront s'assurer que la monnaie émise par la nouvelle Banque sera destinée uniquement à monétiser les échanges internationaux. Ils seront responsables de l'établissement des taux de change dans le respect de la parité des pouvoirs d'achat et ils devront se charger d'écarter de la nouvelle Banque les pays qui n'accepteront pas de déterminer ainsi leur taux de change. Ils devront déterminer le taux d'intérêt monétaire et le taux d'intérêt financier, chacun à un niveau permettant d'assurer les frais de fonctionnement des deux départements de la nouvelle Banque. Ils devront désigner les pays qui ne pourront pas honorer leurs dettes dans les délais prévus et leur accorder de nouveaux délais, en tenant compte des problèmes politiques ou économiques passagers. Ils devront déterminer le taux de prélèvement sur les échanges internationaux destiné à constituer un fonds de solidarité en faveur des pays les moins avancés économiquement. Ils auront la responsabilité de désigner les pays auxquels ces fonds seront destinés. Ils auront la responsabilité de déterminer le montant qui sera distribué à chacun de ces pays. Ils auront la responsabilité de veiller à ce que les pays qui bénéficieront de ces fonds les utilisent selon les critères et accords établis entre chaque pays bénéficiaire et la nouvelle Banque mondiale. Ils auront la responsabilité de déterminer le taux de prélèvement sur les échanges internationaux destiné à faire face aux catastrophes naturelles. Dans ce cas aussi, ils devront veiller à ce que les pays qui bénéficieront de ces fonds les utilisent selon les critères et accords établis entre chaque pays bénéficiaire et la nouvelle Banque mondiale. Enfin et surtout, ils auront la responsabilité d'assurer et d'assumer le bon fonctionnement de la nouvelle Banque mondiale.

Les dirigeants qui seront choisis devront avoir toutes les qualités requises. Ils devront être véritablement compétents dans les domaines tels que : l'économie nationale, l'économie internationale, le développement économique, le sous-développement, l'environnement, etc. Ils devront être indépendants de tous les pays et de tous les lobbies. Ils devront être au service de tous les pays et de toute la population mondiale. Ils devront pouvoir résister aux pressions des dirigeants des pays. Ils devront respecter et faire respecter les règles qui régissent le fonctionnement normal, harmonieux, de cette organisation internationale.

Tous les pays membres de cette organisation internationale participeront au choix et à la nomination de ces dirigeants. Tous les pays seront à égalité. Chaque pays aura une voix. Les dirigeants de la nouvelle Banque mondiale devront rendre compte de leurs actes devant une instance composée des dirigeants ou des ministres des finances de tous les pays membres de la nouvelle Banque. Ils recevront des avertissements ou seront écartés, selon la gravité de leurs décisions ou actes, par exemple, dans le cas où ils n'auront pas respecté les règles du fonctionnement normal de la nouvelle Banque, dans le cas où ils auront privilégié un ou plusieurs pays aux dépens d'autres pays, etc. La durée de leur mandat devrait être de cinq ans, renouvelable une fois.

Lorsque le système monétaire et financier international sera réformé, lorsque la nouvelle Banque mondiale entrera en fonction et que ses dirigeants, qui auront été choisis pour leurs compétences et leurs qualités, auront été mis en place, les conditions de la réalisation de l'entente pacifique entre les pays seront réunies.

Chapitre IV

Principes et règles de l'économie nationale et de l'économie internationale[16, 17]

I. Introduction

La nouvelle théorie économique[18] que j'ai proposée part de l'objectif de l'économie, qui est de satisfaire les besoins économiques des individus, elle établit les prémisses de l'économie et, par un raisonnement rationnel, grâce à une exigence rigoureuse, mathématique et géométrique, elle établit, à la suite de ces prémisses, les principes de l'économie artisanale, de l'économie salariale et de l'économie internationale. De ces principes, elle tire logiquement les règles du fonctionnement normal de l'économie.

Ces principes sont immuables, ils sont vrais dans le temps et dans l'espace. L'application des règles qui découlent de ces principes assure le fonctionnement normal de l'économie, elle ne fait apparaître ni gagnants ni perdants, elle écarte donc les prélèvements indus et illégitimes. La non-application de ces règles engendre des conséquences néfastes, mais ne met pas en cause les principes. L'apparition de conséquences néfastes, dues

---

16 Ces principes et règles, complétés ici, sont repris de mon ouvrage, écrit avec la collaboration de Régis Rémond : *Méthodologies économiques et éthique scientifique* [2006], Ed. L'Harmattan.

17 L'économie internationale concerne les relations économiques, monétaires et financières entre les pays. C'est pourquoi je présente ici les principes et les règles de l'économie nationale et de l'économie internationale.

18 *La nouvelle théorie économique* [2012], Ed. L'Harmattan

au fonctionnement de l'économie, est le résultat de l'application de règles arbitraires.

Définition n° 1. L'objectif de l'économie est la satisfaction des besoins économiques des individus.

Définition n° 2. Pour satisfaire ses besoins économiques, il faut produire et avoir un revenu.

Définition n° 3. Pour avoir un revenu légitime, il faut participer à la réalisation de la production.

Définition n° 4. Dans une économie salariale, le revenu est déterminé dès la production dans l'acte de la rémunération du travail. Il représente sa contrepartie, le produit.

Définition n° 5. Le revenu, déterminé dès la production dans l'acte de la rémunération du travail, est destiné au marché des produits, ce qui lui permet d'écouler sa contrepartie, le produit.

Définition n° 6. La monnaie est distincte du revenu monétaire. La monnaie est un symbole, un outil, une unité de mesure, un équivalent général ; le revenu est un pouvoir d'achat. Cette définition découle de la troisième et de la quatrième définitions.

Définition n° 7. Le pouvoir d'achat légitime est le résultat de la dépense sur le marché des produits du revenu, obtenu grâce à leur participation à la réalisation de la production de biens et services. Cette définition découle de la quatrième et de la cinquième définitions.

Définition n° 8. Le profit normal est une partie du revenu légitime captée par les entreprises, il apparaît au moment de l'échange. Cette définition découle de la quatrième définition.

Définition n° 9. Le pouvoir d'achat indu est le résultat de la dépense sur le marché des produits de consommation du profit distribué : dividendes et intérêts. Cette définition découle de la quatrième et de la septième définitions.

Définition n° 10. Le pouvoir d'achat illégitime est le résultat de la dépense de la monnaie sur le marché des produits, sans que celle-ci ait été transformée en revenu. Cette définition découle de la quatrième, de la cinquième et de la sixième définitions.

Définition n° 11. Le profit net (profit inflationniste engendré par le déséquilibre monétaire) est le résultat de la dépense de la monnaie sur le marché des produits. Cette définition découle de la quatrième, de la sixième et de la neuvième définitions.

Définition n° 12. Le dysfonctionnement de l'économie est la conséquence de l'utilisation par les entreprises d'un pouvoir d'achat légitime (capté ou emprunté, profit ou épargne) destiné à monétiser la production dans l'acte de la rémunération du travail. Cette définition découle de la quatrième et de la cinquième définitions.

Définition n° 13. Le véritable objectif des échanges internationaux est la réalisation de l'enrichissement mutuel.

II. Principes et règles de l'économie artisanale

1° *Les principes de l'économie artisanale*

Principe n° 1

Proposition : La production seule permet de satisfaire les besoins économiques des individus.

Démonstration : Sans la production, il n'y a pas de produit et donc aucun besoin économique ne peut être satisfait.

Principe n° 2

Proposition : La production seule est source de revenu.

Démonstration : Sans la production, il n'y a ni produit ni revenu. Pour obtenir un revenu (un droit légitime sur les produits), il faut participer à la réalisation de la production de biens et de services.

Ces deux principes constituent les prémisses de l'économie nationale.

Principe n° 3

Proposition : L'économie artisanale est une économie d'échange.

Démonstration : Dans une économie artisanale, l'artisan obtient son produit et l'échange sur le marché.

Principe n° 4

Proposition : Dans une économie artisanale, valeur créée et prix, bien que distincts, sont déterminés au moment de l'échange.

Démonstration : Ce principe découle du principe n° 3. Dans une économie d'échange artisanale, le prix du produit est connu au moment de l'échange. Le producteur-échangiste (artisan) connaît son revenu en déduisant ses frais de production[19] du prix de son produit. Aussi son revenu représente-t-il la valeur qu'il a créée.

Principe n° 5

Proposition : Dans une économie d'échange, les achats sont financés par les ventes.

Démonstration : Ce principe découle des principes n° 3 et 4. Dans une économie d'échange artisanale, le producteur-échangiste obtient son produit à la production et c'est la vente de son produit qui lui donne un droit légitime sur les produits d'autres producteurs-échangistes. Pour exercer un pouvoir d'achat, il faut avoir un revenu et, pour obtenir un revenu, l'artisan doit vendre son produit. C'est le revenu ainsi obtenu qui lui permet de financer ses achats.

Principe n° 6

Proposition : Le profit n'existe pas dans une économie d'échange artisanale.

Démonstration : Ce principe découle des principes n° 3, 4 et 5. Le producteur-échangiste obtient son propre produit et l'échange contre d'autres produits qui lui sont équivalents. Le profit n'apparaît pas, car l'artisan obtient lui-même l'équivalent de son produit à travers l'échange.

Principe n° 7

Proposition : La monnaie est un moyen d'échange et non un pouvoir d'achat légitime (elle n'a pas de droit légitime sur les produits).

Démonstration : Ce principe découle des 2° et 5° principes. Sans la production, la monnaie ne peut exercer aucun pouvoir d'achat puisqu'il n'y a alors aucun produit à acheter. La monnaie est au service de l'économie. Dans une économie artisanale, ce sont les ventes qui financent les achats et la monnaie intervient en tant qu'intermédiaire des échanges, équivalent général, mais non en tant que pouvoir d'achat légitime.

---

19 Les frais de production de l'artisan sont constitués par l'achat de matières premières, de produits intermédiaires, par l'amortissement de ses instruments de travail : son capital, etc.

Principe n° 8

Proposition : Dans une économie artisanale, la quantité de monnaie qui entre dans les transactions par les producteurs-échangistes n'a pas d'effet sur leur pouvoir d'achat réel.

Démonstration : Ce principe découle du principe n° 7. Dans une économie artisanale où les échanges sont monétaires, l'artisan obtient la contrepartie de son produit sous forme de monnaie. L'artisan, en dépensant le montant de la monnaie ainsi reçue, obtient des produits qui sont équivalents à son propre produit.

Principe n° 9

Proposition : Dans une économie d'échange artisanale, la monnaie apparaît pour monétiser les échanges et elle disparaît, économiquement, une fois les échanges terminés.

Démonstration : Ce principe découle des 2°, 5° et 7° principes. Dans cette économie, ce sont les ventes qui financent les achats, la monnaie intervient en tant qu'intermédiaire des échanges, équivalent général.

Ce qui reste à la fin des échanges, ce sont les créances-dettes des vendeurs excédentaires et des acheteurs excédentaires. Les créances-dettes sont des opérations purement financières.

2° *Les principales règles qui régissent le fonctionnement harmonieux (normal) de l'économie artisanale*

Les règles sont déduites logiquement des principes.

Règle n° 1

Proposition : Dans une économie artisanale, les achats doivent être financés par les ventes.

Démonstration : Cette règle découle du principe n° 5, selon lequel ce sont les ventes qui financent les achats. Il découle de ce principe que, dans cette économie, pour exercer un pouvoir d'achat légitime sans endettement, il faut vendre au moins pour le montant de ses achats.

Précision : Le non-respect de cette règle ne remet pas en cause les principes de l'économie. Il met en cause le fonctionnement des organismes monétaires et financiers, qui confondent alors monnaie et revenu monétaire, du fait qu'ils sont régis par des règles arbitraires.

Règle n° 2

Proposition : Dans une économie artisanale, les achats excédentaires doivent être financés par les ventes excédentaires.

Démonstration : Cette règle découle du principe n° 5, selon lequel les achats sont financés par les ventes. Par définition, l'ensemble des achats est égal à l'ensemble des ventes. Par conséquent, l'ensemble des achats nets est équivalent à l'ensemble des ventes nettes. Les ventes nettes financent, directement ou indirectement (par l'intermédiaire du système financier), les achats nets. Dès que les achats nets sont financés par les ventes nettes, apparaissent des créances et des dettes. Les vendeurs excédentaires deviennent créanciers des acheteurs excédentaires. Les créances-dettes disparaissent lorsque les acheteurs nets deviennent vendeurs nets pour le même montant et remboursent leurs créanciers. Les créances et les dettes sont des opérations purement financières. Elles n'ont aucun effet sur le fonctionnement normal de l'économie.

Précision : Le non-respect de cette règle ne remet pas en cause les principes de l'économie. Il met en cause le fonctionnement des institutions monétaires et financières, qui confondent monnaie et revenu monétaire (cf. précision à la règle n° 3).

Règle n° 3

Proposition : Dans une économie artisanale, la monnaie doit être introduite par les producteurs-échangistes.

Démonstration : Cette règle découle des 2°, 5°, 7° et 8° principes. La monnaie est un équivalent général, elle est nécessaire pour faciliter les échanges, mais elle n'a pas de pouvoir d'achat légitime. La production est la source du revenu. Les producteurs-échangistes (travailleurs-artisans) sont la cause de la production, donc le produit leur appartient et ce sont eux qui l'échangent sur le marché. Aussi la monnaie doit-elle être introduite dans cette économie par les producteurs-échangistes. Le producteur direct (artisan), par la vente de son produit, obtient la monnaie qui représente le prix de son produit, permettant de déterminer son revenu, son droit légitime sur les produits réalisés par d'autres producteurs-échangistes.

Il découle de cette règle que toute monnaie qui entre dans les échanges par d'autres acheteurs que les producteurs-échangistes ou leurs ayants droit exerce un pouvoir d'achat illégitime. Dans ce cas, l'acheteur ne finance ses achats ni par ses ventes ni par le résultat des ventes excédentaires d'autres producteurs-échangistes.

Précision : Le non-respect de cette règle ne remet pas en cause le principe n° 5. Si l'acheteur net se fait accorder un crédit qui n'a pas sa source dans le montant des ventes nettes, ce crédit monétaire lui permet d'exercer un pouvoir d'achat qui ne peut être qu'illégitime car il diminue d'autant le pouvoir d'achat réel des producteurs-échangistes qui, lui, est légitime. Ce cas met en cause le fonctionnement des institutions monétaires et financières, qui confondent monnaie et revenu monétaire (l'épargne des artisans).

Règle n° 4

Proposition : Dans une économie non salariale libre, chaque producteur doit obtenir la totalité de son produit à la production pour l'échanger sur le marché.

Démonstration : Cette règle découle des 2°, 5° et 6° principes. La production est la source du revenu et le travail est la cause de la production ; par conséquent, le produit appartient au travailleur qui l'obtient à la production et l'échange sur le marché.

Précision : Le non-respect de cette règle ne remet pas en cause les principes de l'économie, il met en cause le système politique. Si le travailleur n'obtient pas son produit à la production, il se trouve dans une économie de servage, une économie esclavagiste ou assimilée. Il n'y a que dans une économie de servage, esclavagiste ou assimilée, que le travailleur n'obtient pas, dès la production, la totalité de son produit ou son équivalent. Dans cette économie, c'est la loi du plus fort qui s'impose et, dans ce cas, le travailleur n'est pas un artisan puisque le produit de son travail est approprié par son maître ou assimilé. Par conséquent, le non-respect de cette règle met en évidence le caractère injuste d'un système politique où s'impose la loi du plus fort.

III. Principes et règles de l'économie salariale

L'étude de l'économie salariale exige que deux phases soient distinguées, la phase de la production et la phase de l'échange et cela même si la seconde est la conséquence de la première. Les principes de l'économie salariale concernent essentiellement la phase de la production. Les principes établis rationnellement sont immuables. Les règles déduites logiquement de ces principes concernent essentiellement la phase de l'échange. Elles régissent le fonctionnement harmonieux de l'économie et doivent donc être respectées. Elles sont nécessaires dans la phase de l'échange car, en l'absence de règles déduites des principes établis par une théorie économique dans le respect de l'éthique scientifique (théorie économique établie rationnellement), les politiques, les institutions et les théories partisanes peuvent établir des règles sans fondement rationnel, des règles arbitraires, susceptibles de favoriser certaines catégories au détriment des autres, et c'est précisément l'application de règles arbitraires qui constitue la principale cause des prélèvements indus, des prélèvements illégitimes, des crises économiques, des crises financières et du dysfonctionnement de l'économie, dont les inégalités économiques, l'aggravation de la situation de l'emploi et la misère, relative ou absolue, des travailleurs sont trois des manifestations. C'est pourquoi les règles déduites des principes doivent être appliquées. Elles doivent guider les responsables politiques et économiques lorsqu'ils établissent les règles de fonctionnement de l'économie et des institutions et organismes qui sont en relation avec l'économie. Les règles déduites des principes doivent représenter une référence dans leur mission de contrôle du fonctionnement de l'économie de marché.

1° *Les principes de l'économie salariale*

Principe n° 1

Proposition : La production seule permet de satisfaire les besoins économiques des individus.

Démonstration : Sans la production, il n'y a pas de produit et donc aucun besoin économique ne peut être satisfait.

Principe n° 2

Proposition : La production seule est source de revenu.

Démonstration : Sans la production, il n'y a ni produit ni revenu. Le produit résulte de la production. Le revenu représente la contrepartie du produit. Par conséquent, le revenu apparaît grâce à la production.

Ces deux principes constituent les prémisses de l'économie.

Principe n° 3

Proposition : Dans une économie salariale, le revenu légitime se forme dès la production dans l'acte de la rémunération du travail, travail qui est la cause de la production (cf. principe n° 6). D'après ce principe, la rémunération du travail n'est pas un achat, elle constitue la formation du revenu.

Démonstration : Dans une économie salariale, par définition, les travailleurs n'obtiennent pas leur produit à la production. Dans un premier temps, ils obtiennent une rémunération qui représente la valeur monétaire de leur produit, leur droit légitime sur le produit. En effet, la production étant la source du revenu, et le travail étant la cause de la production, il en résulte logiquement que la rémunération du travail représente la valeur du produit.

La rémunération du travail ne peut pas être considérée comme un achat car, d'une part, rémunérer le travail ne signifie pas se l'approprier ni s'approprier le produit du travail, d'autre part, pour pouvoir exercer un pouvoir d'achat légitime, il faut avoir un revenu, or, d'après le principe n°2, le revenu n'existe pas avant la production.

Principe n° 4

Proposition : Dans une économie salariale, le revenu est à la fois réel et monétaire.

Démonstration : Ce principe découle des deux principes précédents. Les travailleurs sont la cause de la production. Dans une économie salariale, les travailleurs n'obtiennent pas leur produit à la production, ils obtiennent un revenu qui représente la valeur monétaire de leur produit et leur droit sur le produit. Le revenu est à la fois monétaire et réel, car le revenu monétaire représente le droit légitime sur le produit.

Principe n° 5

Proposition : La dépense du revenu monétaire, formé à la production dans l'acte de la rémunération du travail, a le pouvoir d'écouler sa contrepartie, le produit.

Démonstration : Le revenu monétaire légitime ayant sa source dans la production et représentant la valeur monétaire du produit, sa dépense dans les achats finals signifie l'écoulement du produit. Cette démonstration découle du deuxième principe.

Il résulte de ce principe (n° 5) et du principe précédent que la dépense du revenu monétaire légitime dans les achats finals signifie la disparition du revenu monétaire légitime et la disparition économique de sa contrepartie, le produit.

Principe n° 6

Proposition : Le produit ne peut être approprié que par l'Homme, le revenu monétaire est donc formé dans l'acte de la rémunération du travail.

Démonstration : Ce principe découle des 1°, 2°, 4° et 5° principes et de l'objectif de l'économie. Le capital sous ses deux formes (réelle ou financière) et la terre n'ont pas de besoins à satisfaire et ne peuvent pas, par définition, exercer de pouvoir d'achat, donc ils ne peuvent pas logiquement ni légitimement être rémunérés.

Principe n° 7

Proposition : L'économie salariale est une économie monétaire.

Démonstration : Ce principe découle du 3° principe : du fait que les travailleurs n'obtiennent pas directement leur produit à la production, ils obtiennent sa contrepartie sous forme monétaire.

Principe n° 8

Proposition : La monnaie, en tant que telle, ne représente pas un pouvoir d'achat légitime, elle n'a pas de droit légitime sur les produits.

Démonstration : Sans la production, la monnaie ne peut exercer aucun pouvoir d'achat puisqu'il n'y a alors aucun produit à acheter. La monnaie est un symbole, un numéraire au service de la production et, si elle ne se transforme pas en revenu, elle n'a aucun droit légitime sur les produits.

Principe n° 9

Proposition : Dans une économie salariale, la monnaie se charge d'un pouvoir d'achat légitime, elle devient revenu monétaire dans l'acte de la rémunération des travailleurs qui participent à la réalisation de la production.

Démonstration : Ce principe découle du deuxième et du troisième principes. Les travailleurs étant la cause de la production, leur rémunération représente la valeur monétaire de la production. C'est, en effet, dans l'acte de la rémunération des travailleurs que la monnaie devient un revenu ou pouvoir d'achat légitime, en obtenant ainsi un droit légitime sur les produits.

Principe n° 10

Proposition : Dans une économie salariale, le montant de monnaie qui monétise la production dans l'acte de la rémunération du travail est un montant nécessaire et suffisant dont la dépense sur le marché des produits permet d'écouler sa contrepartie, le produit.

Démonstration : Ce principe découle des principes n° 4 et 5. La rémunération du travail représente la valeur du produit. Le montant du revenu ainsi formé dès la production représente le droit légitime sur le produit. Par conséquent, le montant du revenu formé à la production est un montant nécessaire et suffisant pour écouler le produit. Dans une économie salariale, le revenu national, formé à la production dans l'acte de versement des salaires, représente le produit national. Par conséquent, à chaque période, la rémunération du travail détermine le montant de monnaie qui doit circuler dans cette économie.

Principe n° 11

Proposition : Dans une économie salariale, la quantité de monnaie qui monétise la production dans l'acte de la rémunération du travail à chaque période n'a pas d'effet sur le pouvoir d'achat réel des travailleurs considérés dans leur ensemble.

Démonstration : Ce principe découle des principes précédents. La monnaie est un symbole, un numéraire au service de la production. Le revenu monétaire représente le revenu réel, le produit. Par conséquent, quelle que soit la quantité de monnaie qui monétise la production dans l'acte de la rémunération du travail, elle représente le revenu réel, le produit de la période considérée.

Principe n° 12

Proposition : Le profit normal (profit réalisé dans l'équilibre monétaire) représente la partie du revenu des travailleurs captée par les entreprises.

Démonstration : Ce principe découle des 2°, 3° et 5° principes. Le revenu monétaire est formé à la production dans l'acte de la rémunération des travailleurs et il représente la valeur monétaire du produit. Le produit est écoulé par la dépense du revenu dans les achats finals. Par définition, le profit apparaît au moment de l'échange, du fait de l'écart entre prix et coût de production, il est donc prélevé sur le revenu des travailleurs formé à la production. Le profit représente l'épargne forcée des travailleurs.

Principe n° 13

Proposition : Le profit réalisé par la dépense du revenu (le profit réalisé dans l'équilibre monétaire, le profit normal) est à la fois réel et monétaire.

Démonstration : Ce principe découle des 4°, 11° et 12° principes. Le revenu est à la fois réel et monétaire. Le profit étant une partie du revenu des travailleurs captée par les entreprises, il est aussi à la fois réel et monétaire. Le profit monétaire est donc destiné au marché des produits.

Principe n° 14

Proposition : Le profit normal est une nécessité absolue dans une économie d'évolution.

Démonstration : Ce principe découle des 9°, 10°, 11°, 12° et 13° principes. Pour exercer un pouvoir d'achat, il faut avoir un revenu. Le profit constitue le revenu des entreprises. Il leur permet de financer l'achat de biens capitaux, d'augmenter leur capital, ce qui favorise la croissance économique. Il leur permet aussi de rembourser leurs dettes.

Principe n° 15

Proposition : Le profit normal est maximal lorsque l'épargne des ménages destinée aux entreprises est nulle.

Démonstration : Ce principe découle des 3°, 4°, 12° et 13° principes. Lorsque l'épargne des ménages destinée aux entreprises est nulle, les entreprises, considérées dans leur ensemble, en vendant une partie de leurs produits (les produits de consommation), récupèrent la totalité du montant de monnaie qui leur a permis de monétiser la production dans l'acte de versement des salaires. Le montant du profit normal ainsi réalisé est maximal, car il représente la valeur monétaire de la partie du produit non appropriée par les consommateurs et déposée dans les entreprises considérées dans leur ensemble.

Principe n° 16

Proposition : Le montant du profit normal maximal est un montant nécessaire et suffisant pour financer l'achat des biens capitaux réalisés dans chaque pays considéré.

Démonstration : Ce principe découle des 3°, 4°, 12°, 13° et 14° principes. Le montant du profit normal maximal représente la valeur monétaire de la partie du produit non appropriée par les consommateurs, déposée dans les entreprises considérées dans leur ensemble, où apparaissent à la fois les produits qui ne sont pas appropriés par les consommateurs et leur contrepartie, le profit monétaire maximal. Par définition, la condition de la formation du capital apparaît lorsque le produit et sa contrepartie monétaire se trouvent, en même temps, dans les entreprises. Ainsi, par la dépense du profit maximal, les entreprises s'approprient la totalité des produits représentant le capital qui est réalisé dans chaque pays considéré.

Principe n° 17

Proposition : Lorsque l'épargne destinée aux entreprises est nulle, les entreprises considérées dans leur ensemble sont indépendantes du marché financier.

Démonstration : Ce principe découle des 3°, 4°, 12°, 13°, 15° et 16° principes. Lorsque l'épargne des ménages destinée aux entreprises est nulle, le profit est maximal. D'après le principe n° 16, le montant du profit maximal est un montant nécessaire et suffisant pour financer l'achat du capital réalisé dans chaque pays considéré. Il résulte de ce principe que toute incitation qui favorise l'épargne destinée aux entreprises diminue leur profit et les rend dépendantes du marché financier.

2° *Les principales règles qui régissent le fonctionnement harmonieux (normal) de l'économie salariale*

Règle n° 1

Proposition : Le revenu formé dans chaque pays ou dans un ensemble de pays à économie véritablement intégrée[20] est destiné au marché des produits de ce pays ou de l'ensemble de pays à économie intégrée.

Démonstration : Cette règle découle des 1°, 3°, 4° et 5° principes. Le revenu monétaire représente le revenu réel, le produit. La dépense du revenu permet de satisfaire les besoins économiques. La dépense du revenu dans les achats finals permet non seulement d'écouler sa contrepartie, le produit, mais aussi et surtout elle permet aux entreprises, considérées dans leur ensemble, d'un pays ou d'un ensemble de pays à économie intégrée de récupérer le montant de monnaie grâce auquel elles ont pu monétiser la production dans l'acte de la rémunération du travail.

Précision : Le non-respect de cette règle ne remet pas en cause les principes de l'économie. Il met en cause le fonctionnement du système bancaire national et du système monétaire et financier international qui ne respectent pas les règles du fonctionnement normal de l'économie (pour plus de précisions, cf. règles n° 4 et n° 5 de l'économie internationale). Cette règle doit régir le fonctionnement du système bancaire national et du système monétaire et financier international.

---

20 On appelle économies intégrées les économies qui ont la même monnaie. Toutefois, la véritable intégration, qui ne fait apparaître ni pays perdants ni pays gagnants et qui écarte les délocalisations dont l'objectif est mercantile à l'intérieur de cet ensemble, exige, d'une part que l'ensemble de ces pays aient les mêmes politiques fiscales, salariales et sociales, d'autre part que, au moment de l'intégration dans le cadre de la monnaie unique, les taux de change des monnaies de l'ensemble de ces pays aient été établis dans le respect de la parité des pouvoirs d'achat. On voit bien par-là que ce qu'on appelle actuellement les économies intégrées n'en sont pas vraiment, d'où les problèmes qui se posent aux pays qui ont choisi la monnaie unique dans le cadre de la communauté européenne.

Règle n° 2

Proposition : Dans une économie salariale, la monnaie nouvellement créée doit être destinée uniquement à la monétisation de la production dans l'acte de la rémunération des travailleurs qui participent à la réalisation de la production.

Démonstration : Cette règle découle des principes n° 3 et de 5 à 10. Pour que la monnaie se charge d'un pouvoir d'achat, pour qu'elle devienne un droit légitime sur les produits, elle doit se transformer en revenu. Elle se transforme en revenu dans l'acte de la rémunération des travailleurs, car le travail est la cause de la production. Cette règle doit régir le fonctionnement du système bancaire national.

Précision : Le non-respect de cette règle ne remet pas en cause les principes de l'économie. Il met en cause le fonctionnement du système bancaire national qui confond monnaie et revenu monétaire (comme le met en évidence la règle n° 3).

Règle n° 3

Proposition : Dans une économie salariale, la monnaie nouvellement émise ne doit pas être dépensée sur le marché des produits, car la dépense de la monnaie nouvellement émise sur le marché des produits exerce un prélèvement illégitime sur le pouvoir d'achat réel du revenu des travailleurs.

Démonstration : Cette règle découle des 3°, 4°, 8° et 9° principes. La monnaie nouvellement émise n'a pas de droit légitime sur les produits tant qu'elle n'a pas été transformée en revenu. Si elle est dépensée sur le marché des produits, elle exerce un pouvoir d'achat illégitime qu'elle prélève sur celui des titulaires de revenu en amputant une partie de leur pouvoir d'achat réel qui, lui, est légitime.

Précision n°1 : Le non-respect de cette règle ne remet pas en cause les principes de l'économie. Les prélèvements illégitimes exercés par la monnaie sont un vol « légitimé » par les institutions, essentiellement monétaires et financières, et par les responsables politiques et économiques qui défendent ces institutions, institutions dont le fonctionnement ne respecte pas les règles qui découlent des principes de l'économie. Ce sont donc les institutions, essentiellement monétaires et financières, et les dirigeants politiques et économiques qui sont responsables des prélèvements illégitimes.

Précision n°2 : Le fait que la monnaie puisse être dépensée sur le marché des produits trouve son origine dans l'idée selon laquelle la monnaie a un pouvoir libératoire de la dette et un pouvoir d'achat libératoire, idée fallacieuse provenant de certains auteurs qui ont établi les règles arbitraires du fonctionnement des institutions monétaires. La monnaie n'a pas de pouvoir libératoire de la dette, car le débiteur se désendette vis-à-vis de son créancier en s'endettant vis-à-vis du système bancaire, dans ce cas, il n'y a pas de véritable désendettement. En fait, ce n'est pas la monnaie mais le revenu monétaire qui a un pouvoir d'achat libératoire. Le non-respect de cette règle met en cause les théories économiques qui confondent monnaie et revenu monétaire et, par là-même, le fonctionnement du système bancaire qui, de ce fait, confond monnaie et revenu monétaire.

Règle n° 4

Proposition : Dans une économie de production salariale, la rémunération des travailleurs ne doit pas être puisée dans le revenu monétaire (épargne et profit), qui est destiné uniquement au marché des produits.

Démonstration : Cette règle découle des 3°, 4°, 5° et 9° principes. Le revenu monétaire est destiné à exercer son pouvoir d'achat sur les produits qui représentent sa contrepartie. La rémunération des travailleurs n'est pas un achat, en fait elle représente la formation du revenu. Si le revenu (profit et épargne) monétise, outre la contrepartie de son produit, une production encore à venir, il représentera deux productions de deux périodes différentes. Or, le revenu monétaire de chaque période est destiné à exercer son pouvoir d'achat sur les produits qui représentent sa contrepartie. Par conséquent, l'une des productions ne pourra pas être écoulée. C'est donc bien cette façon d'utiliser le revenu monétaire pour rémunérer les travailleurs qui devient ainsi l'une des principales causes de l'insuffisance de la demande globale, de la faillite de certaines entreprises et du dysfonctionnement de l'économie salariale, dont l'augmentation du chômage est l'une des principales manifestations. Cette règle doit régir le fonctionnement du système bancaire national.

Précision n° 1 : Lorsqu'un pouvoir d'achat légitime sur les produits est utilisé pour monétiser la production dans l'acte de la rémunération du travail, il est utilisé en tant que monnaie, de ce fait, il disparaît en tant que revenu. D'après les 4° et 9° principes, lorsque le revenu monétaire disparaît, sa contrepartie, le produit, disparaît économiquement. Toutefois, du fait de cette disparition prématurée (due à cette façon d'utiliser un pouvoir d'achat légitime), certaines entreprises ne récupèrent pas la totalité du montant qui leur a permis de monétiser leur production dans l'acte de la rémunération du travail, c'est là l'une des principales causes de l'apparition de l'insuffisance de la demande globale. Dans ce cas, le montant que certaines entreprises ne peuvent pas récupérer est égal au montant du revenu monétaire utilisé en tant que monnaie.

Précision n° 2 : Le non-respect de cette règle ne remet pas en cause les principes de l'économie. Il met en cause le fonctionnement du système monétaire et financier qui confond monnaie et revenu monétaire. Il met en cause aussi les dirigeants politico-économiques qui laissent le système monétaire et financier appliquer des règles arbitraires. Il met en cause surtout les théories économiques qui confondent monnaie et revenu monétaire.

Précision n° 3 : Il est vrai que l'insuffisance de la demande globale n'apparaît pas dans le cas où certains entrepreneurs utilisent leur profit pour monétiser leur production (en partie ou en totalité) dans l'acte de la rémunération des travailleurs et dans le cas où ils s'approprient dès la production le produit ainsi monétisé. Toutefois, cette façon d'utiliser le profit peut être comparée à une situation d'esclavagisme ou assimilée, car les travailleurs placés dans cette situation reçoivent un revenu monétaire vide (leur produit n'apparaît pas sur le marché, car il est directement approprié dès la production). Cette façon d'utiliser le profit est une conséquence du non-respect de cette règle, mais elle ne remet pas en cause les principes de l'économie. Elle met en cause le fonctionnement du système monétaire et financier qui confond monnaie et revenu monétaire. Elle met en cause aussi les dirigeants politico-économiques qui laissent le système monétaire et financier appliquer des règles arbitraires.

Elle met en cause surtout les théories économiques qui sont à l'origine de l'établissement de ces règles arbitraires.

Règle n° 5

Proposition : Le profit monétaire normal doit être destiné à financer les investissements additionnels dans le pays ou dans l'ensemble de pays à économie véritablement intégrée où il est réalisé.

Démonstration : Cette règle découle des 2°, 3°, 12° et 13° principes ; dans chaque pays ou ensemble de pays à économie intégrée, le revenu est formé à la production sur les travailleurs et il représente la valeur monétaire du produit. Le profit monétaire représente la valeur monétaire de la partie du produit qui n'est pas appropriée par les travailleurs. Le profit monétaire étant prélevé sur le revenu, il diminue le pouvoir d'achat réel des travailleurs dans la période où il est réalisé, il constitue une sorte d'épargne forcée des travailleurs. Cette diminution du pouvoir d'achat réel devra être compensée dans les périodes à venir. Elle sera compensée grâce aux investissements additionnels qui favorisent l'amélioration de la productivité du travail, l'augmentation de la production et, donc, l'augmentation du pouvoir d'achat réel des titulaires de revenu, dans un pays ou dans un ensemble de pays à économie intégrée.

En outre, pour une technologie donnée, les investissements additionnels diminuent le nombre de chômeurs, ce qui augmente la production et améliore le pouvoir d'achat réel dans le pays considéré ou dans l'ensemble des pays à économie intégrée. Par conséquent, le profit monétaire est une nécessité dans une économie d'évolution et il ne doit donc pas être distribué pour être dépensé sur le marché des produits de consommation. Cette façon d'utiliser le profit monétaire engendre la perte définitive d'une partie du pouvoir d'achat réel des travailleurs et représente une occasion manquée de réaliser directement des investissements additionnels qui permettraient d'améliorer la situation de l'emploi et le pouvoir d'achat réel dans l'économie considérée ou dans l'ensemble des économies intégrées.

Le respect de cette règle écarte l'une des principales causes des prélèvements indus qui apparaissent du fait de la distribution du profit monétaire.

Précision n° 1 : Dans une économie salariale concurrentielle, le niveau de l'emploi dépend du niveau des investissements pour une technologie donnée et pour la durée de travail déterminée dans chaque pays.

La relation emploi-investissement découle de deux exigences liées : l'exigence de la technologie et l'exigence de la concurrence. En ce qui concerne la première exigence, la technologie d'une période impose le nombre de travailleurs que les entrepreneurs doivent employer sur la quantité de capital existant. Exemple : un camion (capital) ne peut être conduit que par un conducteur à la fois. Quant à la seconde exigence, elle est inhérente à la réalité de l'économie concurrentielle, où sont écartées du système les entreprises qui réalisent un coût de production plus élevé que celui de leurs concurrentes du fait, par exemple, qu'elles ne respectent pas la première exigence.

Précision n°2 : Dans l'économie salariale les travailleurs n'obtiennent pas leurs produits à la production. Ils obtiennent une rémunération qui représente la valeur de leurs produits et leur droit légitime sur les produits qu'ils ont réalisés. Le profit représente une partie du revenu des travailleurs captée par les entreprises. Dans le cas où le profit (épargne forcée des travailleurs) est distribué, les bénéficiaires de cette distribution s'approprient une partie du revenu et donc une partie du produit des travailleurs. Cette situation peut être assimilée à l'esclavage, au servage ou assimilé où les travailleurs sont privés d'une partie du produit qu'ils ont réalisé.

Précision n° 3 : Le non-respect de cette règle ne remet pas en cause les principes de l'économie. Il met en cause le fonctionnement de l'économie où est appliquée la règle arbitraire selon laquelle être propriétaire des moyens de production donne un droit sur une partie du produit. Il met en cause aussi les responsables politiques et économiques qui, par leur silence, légitiment ladite règle arbitraire. Leur silence est dû soit à leur ignorance, soit au fait qu'ils sont sous l'influence de ceux à qui profitent ces prélèvements, essentiellement les financiers. Il met en cause surtout les théories économiques qui déterminent les règles arbitraires de la répartition du revenu entre le travail, le capital, la terre, etc.

Règle n° 6

Proposition : Dans un pays ou dans un ensemble de pays à économie intégrée, le système bancaire (dans sa fonction d'institution monétaire) doit émettre la monnaie qui est destinée uniquement à monétiser la production dans l'acte de la rémunération des travailleurs.

Démonstration : Cette règle découle des principes n° 2, 3, 8 et 9. La monnaie n'a pas de droit légitime sur les produits ; pour obtenir un droit légitime, elle doit se transformer en revenu dans l'acte de la rémunération du travail. Cette règle doit régir le fonctionnement du système bancaire dans son rôle d'émetteur de monnaie. Le respect de cette règle écarte l'une des principales causes des prélèvements illégitimes.

Précision : Le non-respect de cette règle ne remet pas en cause les principes de l'économie. Il met en cause le fonctionnement du système bancaire qui doit distinguer son rôle monétaire de son rôle financier. Il met en cause les théories économiques qui confondent monnaie et revenu monétaire.

Règle n° 7

Proposition : Le taux d'intérêt monétaire ne doit pas dépasser les frais de fonctionnement du système bancaire, frais qui concernent son département monétaire dans son rôle d'émetteur de monnaie.

Démonstration : Cette règle découle des 2°, 6° et 8° principes. La production seule est la source du revenu légitime et la monnaie est au service de la production. Lorsque le système bancaire outrepasse cette règle, il exerce un droit de seigneuriage dont le montant diminue proportionnellement le pouvoir d'achat réel des travailleurs.

Précision : Le respect de cette règle évite que les entrepreneurs ayant réalisé un profit monétaire soient tentés de monétiser leur production par le profit. Le profit monétaire est un pouvoir d'achat positif, il est donc destiné au marché des produits (cf. 3° et 4° règles).

Règle n° 8

Proposition : Dans un pays ou dans un ensemble de pays à économie intégrée, le système bancaire (dans son rôle d'intermédiaire financier) ne doit prêter l'épargne qu'aux agents économiques qui exercent un achat net sur le marché des produits (achat qui dépasse leurs ressources propres de la période considérée).

Démonstration : Cette règle découle des principes n° 2, 3, 4, 5, et 8. L'épargne étant un pouvoir d'achat positif, elle est destinée au marché des produits car elle doit aussi écouler sa contrepartie et permettre ainsi aux entreprises de récupérer le montant de monnaie qui leur a servi à monétiser leur production dans l'acte de la rémunération du travail.

Précision : Le non-respect de cette règle ne remet pas en cause les principes de l'économie. Il met en cause le fonctionnement du système bancaire qui confond son rôle monétaire et son rôle financier.

Règle n° 9

Proposition : Le taux d'intérêt financier ne doit pas dépasser la hausse des prix, les frais de la collecte de l'épargne et les frais de fonctionnement du système financier, c'est-à-dire les frais du département financier des banques.

Démonstration : Cette règle découle des principes n° 2, 3 et 6. Seule la production est source de revenu et c'est le travail qui est la cause de la production. Pour avoir un revenu légitime, il faut participer à la réalisation de la production. Par conséquent, le fait d'être épargnant n'octroie pas un droit légitime sur une partie du produit.

Précision : Le non-respect de cette règle constitue une cause de prélèvements indus, mais ne remet pas en cause les principes de l'économie. La partie du produit qui n'est pas achetée par les titulaires de revenu légitime est achetée par les épargnants (financiers) qui exercent, dans ce cas, des prélèvements indus. Il met en cause la règle arbitraire selon laquelle être épargnant donne un droit sur une partie du produit. Il met en cause les dirigeants politiques, économiques et monétaires qui passent sous silence l'application de cette règle arbitraire aux conséquences dommageables pour l'ensemble de la société.

Règle n° 10

Proposition : Le capital financier (le profit et l'épargne) ne doit pas être destiné à la spéculation.

Démonstration : Cette règle est en relation avec la première règle qui découle des 1°, 3°, 4° et 5° principes. Le capital financier représente une partie du revenu monétaire. Le revenu monétaire est destiné au marché des produits, par conséquent le capital financier aussi est destiné au marché des produits. Le capital financier destiné à la spéculation, en revanche, devient une cause d'insuffisance de la demande globale, de la faillite de certaines entreprises et de l'aggravation de la situation de l'emploi durant toute la période où il alimente la spéculation.

Précision : Le non-respect de cette règle ne remet pas en cause les principes de l'économie. Il met en cause le fonctionnement d'une économie régie par des règles arbitraires où il est possible de gagner de l'argent avec de l'argent.

IV. Principes et règles de l'économie internationale

Les relations économiques sont l'un des facteurs les plus importants permettant soit d'établir l'entente pacifique soit d'engendrer des conflits entre les pays. Pour favoriser l'entente pacifique, les dirigeants politiques et économiques au niveau national et les dirigeants des organisations internationales ont la responsabilité de faire appliquer les règles qui concernent les échanges internationaux et le fonctionnement du système monétaire et financier international. Or, actuellement, une grande partie des échanges internationaux n'est pas réalisée dans l'équivalence, ce qui fait apparaître des pays gagnants et des pays perdants. Le système monétaire et financier international actuel fait apparaître des pays dominants et des pays dominés, il fait apparaître la liquidité internationale qui est une anomalie, il fait apparaître le marché financier international sur lequel sont placés les capitaux financiers des pays excédentaires, mais aussi les capitaux financiers des tricheurs, des fraudeurs, des mafieux et des criminels. Il favorise l'évasion des capitaux, les mouvements de capitaux aux conséquences néfastes, il facilite les délocalisations aux conséquences désastreuses, il favorise les spéculations sur les marchés financiers, sur les marchés des matières premières, sur les marchés des produits alimentaires, sur les marchés monétaires, etc. Toutes ces situations sont à l'origine de conflits dévastateurs. Les dirigeants de l'ensemble des pays, les dirigeants des organisations internationales et les auteurs qui ont établi les règles qui sont appliquées actuellement sont les premiers responsables de ces anomalies, des maux et des conflits qui en résultent.

L'application des règles qui découlent des principes de l'économie internationale permettrait d'écarter les causes de conflits dues aux relations économiques, monétaires et financières entre pays. Elle permettrait de mettre tous les pays à égalité. Elle permettrait d'atteindre l'objectif économique des échanges internationaux, objectif qui doit être de réaliser l'enrichissement mutuel des pays qui y participent. Elle ne ferait pas apparaître de liquidité internationale. Elle faciliterait l'établissement des taux de change dans le respect de la parité des pouvoirs d'achat. Elle écarterait la nécessité de l'existence d'un marché financier international. Elle écarterait les mouvements des capitaux financiers, les placements sur le marché financier international, car celui-ci n'existerait plus. Elle découragerait les délocalisations dont l'objectif est mercantile. Elle favoriserait les relocalisations. Elle tarirait les sources qui alimentent les spéculations au niveau international, etc. Mais l'application de ces règles nécessite la mise en place d'un nouveau système monétaire et financier international, où serait créée une véritable Banque Mondiale qui émettrait une monnaie internationale indépendante de toutes les monnaies nationales et qui respecterait les règles du fonctionnement normal de l'économie internationale.

1° *Principes de l'économie internationale*

Principe n° 1

Proposition : L'économie internationale est une économie d'échange[21].

Démonstration : L'économie internationale n'étant pas une économie intégrée, chaque pays, pour acheter à d'autres pays, doit présenter ses produits sur le marché international.

Principe n° 2

Proposition : Dans une économie d'échange, ce sont les ventes qui financent les achats.

21 Nous nous plaçons dans le cas où les pays ont des monnaies différentes, où il n'y a pas de véritable intégration économique, monétaire et financière.

Démonstration : Ce principe découle du principe n° 1. Pour financer ses importations sans endettement, chaque pays doit vendre pour le même montant.

Principe n° 3

Proposition : Les achats nets d'un pays ou d'un ensemble de pays sont équivalents aux ventes nettes d'autres pays.

Démonstration : Ce principe découle du principe n° 2. Les achats sont financés par les ventes. Par définition, l'ensemble des achats est équivalent à l'ensemble des ventes. Par conséquent, l'ensemble des achats nets est équivalent à l'ensemble des ventes nettes.

Principe n° 4

Proposition : Dans une économie d'échange, la monnaie intervient en tant qu'intermédiaire des échanges et non comme pouvoir d'achat positif, légitime.

Démonstration : La monnaie, un numéraire, un équivalent général, est nécessaire car elle permet de comptabiliser, de mesurer, de comparer les produits et de faciliter les échanges afin de réaliser ces échanges dans l'équivalence. D'après le 2° principe, ce sont les ventes qui financent les achats. Par conséquent, la monnaie apparaît pour monétiser les échanges et elle disparaît une fois les échanges terminés. À la fin des échanges de chaque période élémentaire, ce qui reste ce sont les créances-dettes, qui constituent des relations financières entre les pays exportateurs nets et importateurs nets.

Principe n° 5

Proposition : Pour qu'un pays honore sa dette extérieure, il doit réaliser, sur les périodes à venir, une balance commerciale excédentaire pour le montant des charges de sa dette.

Démonstration : Ce principe découle des 2° et 3° principes de l'économie internationale : les achats sont financés par les ventes et les achats nets sont équivalents aux ventes nettes. Par conséquent, les pays acheteurs nets (importateurs nets) d'une période honorent leur dette lorsqu'ils deviennent vendeurs nets (exportateurs nets) pour le même montant, en pouvoir d'achat réel, pour les périodes à venir.

2° *Principales règles du fonctionnement normal de l'économie internationale, qui est une économie d'échange*

Ce sont les institutions monétaires et financières internationales et l'Organisation Mondiale du Commerce qui auront la charge d'appliquer et de faire appliquer ces règles et c'est le respect de ces règles qui assurera le fonctionnement normal de l'économie internationale.

Règle n° 1

Proposition : Aucune monnaie nationale ne doit jouer le rôle de monnaie internationale.

Démonstration : Cette règle découle du deuxième principe de l'économie internationale et doit éviter la confusion entre monnaie nationale et monnaie internationale qui règne actuellement et qui peut engendrer de faux paiements qui sont à l'origine de l'apparition de la liquidité internationale. L'apparition de la liquidité internationale signifie que le pays acheteur net (importations supérieures aux exportations), dont la monnaie joue le rôle de monnaie internationale, finance ses achats nets avec sa propre monnaie, avec sa propre dette (ou un pays acheteur net finance sa dette extérieure avec la dette du pays dont la monnaie joue le rôle de monnaie internationale), ce qui n'est pas compatible avec le principe selon lequel nul ne paye avec sa propre dette ni avec la dette d'un autre.

Précision : Le non-respect de cette règle ne remet pas en cause les principes de l'économie. Il met en cause le fonctionnement du système monétaire et financier international actuel, régi par des règles arbitraires. Lorsqu'un pays « finance » ses achats nets avec sa propre monnaie, ce « financement » représente une reconnaissance de sa dette et non un paiement. Dans ce cas, en dernière analyse, ce sont les pays vendeurs nets qui financent les achats nets de ce pays (ou les achats nets des pays qui financent leur dette avec la dette du pays dont la monnaie joue le rôle de monnaie internationale).

Règle n° 2

Proposition : La monnaie internationale doit être distincte de toute monnaie nationale ou régionale.

Démonstration : D'après le 4° principe, une unité de monnaie est nécessaire pour comptabiliser (mesurer) les échanges au niveau international. La monnaie internationale ne doit pas être représentée par une monnaie nationale car la monnaie de chaque pays représente le droit, légitime ou non, sur les produits de chaque pays considéré. Selon les règles de l'économie nationale, la monnaie nationale est destinée à monétiser et à mesurer sa production dans l'acte de la rémunération du travail ; le revenu ainsi formé représente cette production nationale et le droit légitime sur cette production. La confusion entre monnaie nationale et monnaie internationale engendre une confusion entre le droit sur le produit national et le droit sur le produit présenté sur le marché international. Or, le revenu monétaire de chaque pays représente le droit sur les produits de chaque pays considéré, tandis que chaque pays obtient un droit légitime sur les produits présentés sur le marché international par la vente de son produit. Par conséquent, la monétisation des échanges internationaux exige une véritable monnaie internationale indépendante de toute monnaie nationale et par là même l'existence d'un organisme monétaire et financier international indépendant de tous les pays.

Précision : Le non-respect de cette règle ne remet pas en cause les principes de l'économie internationale. Il met en cause le fonctionnement d'un système monétaire et financier international qui confond monnaie nationale et monnaie internationale. Il met en cause aussi les dirigeants nationaux qui ont accepté et mis en place un tel système. Il met en cause enfin les dirigeants des organisations internationales qui ont en charge les problèmes monétaires et financiers au niveau international.

Règle n° 3

Proposition : Les taux de change des monnaies doivent être établis dans le respect de la parité des pouvoirs d'achat.

Démonstration : Cette règle découle de l'objectif des échanges, qui est l'enrichissement mutuel. Pour qu'il n'y ait pas de pays gagnants ni de pays perdants, les échanges doivent se réaliser dans le respect de l'équivalence. La parité des pouvoirs d'achat permet de déterminer quel montant de monnaie un pays doit échanger contre une unité de monnaie d'un autre pays pour pouvoir obtenir une quantité de produits équivalents dans les deux pays par la dépense de ce montant de monnaie.

Le respect de cette règle écarterait la principale cause de pillage des pays dont les monnaies sont sous-évaluées, pillage par la ruse. Il écarterait la concurrence inégale sur le marché international. Il écarterait les délocalisations dont l'objectif est mercantile. Il écarterait l'une des causes de conflits entre les pays, conflits dus aux relations économiques.

Précision : Le non-respect de cette règle ne remet pas en cause les principes de l'économie. Il met en cause les autorités politiques et monétaires de divers pays et les dirigeants des organisations internationales qui ont en charge les relations économiques, monétaires et financières entre les pays. Ce sont donc ces dirigeants qui sont responsables des taux de change arbitraires. Il met en cause les dirigeants de l'Organisation Mondiale du Commerce, qui ont en charge les relations des échanges entre les pays. Ces autorités politiques et monétaires nationales et ces dirigeants des organisations internationales passent sous silence le problème des taux de change arbitraires. Lorsque les taux de change sont arbitraires, les échanges ne sont pas réalisés dans l'équivalence, les pays dont les monnaies sont surévaluées s'emparent d'une partie du pouvoir d'achat réel des pays dont les monnaies sont sous-évaluées, ces derniers sont donc pillés et leurs travailleurs sont spoliés. Précisons également que, depuis la financiarisation mondialisée, les pays dont les monnaies sont surévaluées voient la situation de l'emploi s'aggraver chez eux du fait que leurs entreprises délocalisent. Les délocalisations sont donc une autre conséquence des taux de change arbitraires.

Règle n° 4

Proposition : Le capital financier (le profit et l'épargne) formé dans un pays est destiné à financer l'achat des produits d'investissement et de consommation dans ce même pays. Il ne doit donc pas être destiné au marché financier dit international.

Démonstration : Il découle du 2° principe de l'économie internationale que les achats sont financés par les ventes ; il découle des 5°, 8°, 9°, 10° et 11° principes de l'économie salariale que le revenu formé dans un pays est destiné à être dépensé sur le marché des produits du pays considéré ou de l'ensemble des pays à économie véritablement intégrée. Le capital financier national représente une partie du revenu formé dans chaque pays ; il est donc destiné à être dépensé sur le marché des produits afin que sa contrepartie réelle soit écoulée dans chaque pays considéré ou dans les pays à économie intégrée et afin que les entreprises récupèrent le montant de monnaie qui leur a permis de monétiser la production dans l'acte de la rémunération du travail. Le non-respect de cette règle met en danger l'avenir des entreprises des pays dont les financiers placent leurs capitaux sur le marché financier dit international.

Précision : Le non-respect de cette règle ne remet pas en cause les principes de l'économie. Il met en cause le fonctionnement des systèmes monétaires et financiers nationaux et le fonctionnement du système monétaire et financier international. Il met en cause la confusion entre le marché financier national et le marché financier international qui doit s'intéresser uniquement à la source du financement des achats nets au niveau international (cf. règle n° 7).

Règle n° 5

Proposition : Un pays (ou un ensemble de pays à économie véritablement intégrée) ne doit pas placer son capital financier dans d'autres pays.

Démonstration : Cette règle découle des 2°, 3°, 4° et 9° principes de l'économie salariale. Le revenu formé dans chaque pays est destiné à écouler sa contrepartie, le produit, dans le pays où il est réalisé (le produit ou son équivalent : les produits importés pour le montant des produits exportés). Tout placement financier d'un pays dans d'autres pays constitue une cause d'insuffisance de la demande globale et une cause d'aggravation de la situation de l'emploi dans le pays qui est à l'origine des placements extérieurs. Par conséquent, il ne doit pas y avoir de mouvements de capitaux financiers au niveau international.

Précision : Le non-respect de cette règle ne remet pas en cause les principes n° 3, n° 4 et n° 8. En effet, le produit qui représente la contrepartie du revenu (capital financier placé dans d'autres pays) ne peut pas être demandé car le montant du revenu qui le représente a été retiré. Il met en cause les règles arbitraires qui régissent le fonctionnement des systèmes monétaires et financiers nationaux et le fonctionnement du système monétaire et financier international. Il met en cause aussi les dirigeants politiques et économiques au niveau national et les dirigeants des organisations internationales, car ils appliquent ou laissent appliquer ces règles arbitraires.

Règle n° 6

Proposition : Aucun pays (ou aucun ensemble de pays à économie intégrée) ne doit accepter les placements financiers venant de l'extérieur.

Démonstration : Cette règle découle de la précédente. Aussi, d'après les 2° et 3° principes de l'économie salariale, le revenu formé dans chaque pays représente la valeur monétaire de la production du pays considéré, ce qui signifie que le montant du revenu formé dans chaque pays est un montant nécessaire et suffisant pour écouler le produit réalisé dans chaque pays considéré. Par conséquent, aucun pays n'a besoin de la monnaie d'un autre pays ni pour émettre sa propre monnaie, ni pour écouler son propre produit. Toute entrée de devises converties en monnaie nationale exerce un prélèvement illégitime. En effet, dans le système bancaire actuel, toute entrée de devises dans un pays (par exemple, placements financiers venant de l'extérieur) est convertie en monnaie nationale, ce qui constitue une source de prélèvements illégitimes sur le pouvoir d'achat réel des titulaires de revenu légitime dans le pays considéré.

Précision : Le non-respect des règles n° 4, 5 et 6 ne remet pas en cause les principes de l'économie. Il met en cause le fonctionnement des systèmes monétaires et financiers nationaux et le système monétaire et financier international. Il met en cause aussi les dirigeants politiques et économiques au niveau national et les dirigeants des organisations internationales, car ils appliquent ou laissent appliquer ces règles arbitraires.

Règle n° 7

Proposition : Les achats nets d'un pays ou d'un ensemble de pays doivent être financés par les ventes nettes d'autres pays.

Démonstration : Définition : dans une économie d'échange (l'économie internationale est une économie d'échange) l'ensemble des achats est équivalent à l'ensemble des ventes.

D'après le 2° principe de l'économie internationale, les achats sont financés par les ventes. D'après le 3° principe de l'économie internationale, les achats nets sont équivalents aux ventes nettes (les importations nettes dans leur ensemble sont équivalentes à l'ensemble des exportations nettes). Il découle de cette définition et de ces principes que les achats nets des pays déficitaires doivent être financés par le résultat des ventes nettes des pays excédentaires. Le respect de cette règle ne fait apparaître aucune liquidité internationale.

Précision n° 1 : Le non-respect de cette règle ne remet pas en cause les principes des échanges internationaux. En dernière analyse, ce sont les pays vendeurs nets qui financent les achats nets d'un pays qui paye sa dette par sa propre monnaie qui joue le rôle de monnaie internationale. Dans ce cas, la monnaie de ce pays détenue par d'autres pays représente sa reconnaissance de dette, ce qui signifie que le pays dont la monnaie est considérée comme monnaie internationale est un pays dominant et privilégié.

Précision n° 2 : Le non-respect de cette règle ne remet pas en cause les principes des échanges internationaux. Il met en cause le fonctionnement du système monétaire et financier international actuel, les dirigeants politico-économiques au niveau national et les dirigeants des organisations internationales qui ont des responsabilités dans ces domaines, car ils acceptent la confusion entre la monnaie d'un pays et la monnaie internationale.

Précision n° 3 : Lorsque cette règle (n° 7) sera respectée, les relations financières entre les pays seront limitées uniquement aux créances et aux dettes qui résultent des excédents et des déficits des balances commerciales. Mais le respect de cette règle, d'une façon générale le fonctionnement normal des échanges internationaux, exige l'existence d'un nouveau et véritable système monétaire et financier international, une véritable Banque Mondiale. Cette nouvelle Banque émettra de la monnaie pour monétiser les échanges et prendra en charge les excédents et les déficits. Toute autre relation financière entre les pays serait une anomalie due au non-respect des règles de l'économie nationale et de l'économie internationale.

L'étude de ce chapitre permet de constater, à plusieurs niveaux, les évolutions importantes apportées par la nouvelle théorie (cf. mon ouvrage, *La nouvelle théorie économique*) par rapport aux analyses des auteurs classiques et keynésiens. Elle permet en particulier de constater une rupture radicale avec la théorie actuellement dominante. Enfin et surtout, elle permet de constater que le respect des règles du fonctionnement normal de l'économie nationale et de l'économie internationale écarterait les maux dus au fonctionnement actuel de l'économie. L'application de ces règles au niveau national assurerait la réalisation d'une économie harmonieuse, au niveau international elle assurerait le fonctionnement harmonieux de l'économie internationale, ce qui faciliterait et favoriserait la réalisation de l'entente pacifique entre les pays.

Conclusion générale

L'objectif de l'économie est la satisfaction des besoins économiques. L'objectif des échanges internationaux doit être la réalisation de l'enrichissement mutuel des pays qui y participent. Mais pourquoi, dans le domaine qui nous intéresse ici (les échanges internationaux, les relations monétaires et financières entre les pays), raisonne-t-on en termes de rivalité ? De cette rivalité surgissent la concurrence inégale, les pays dominés, les pays dominants, les pays gagnants, les pays perdants, etc. Ces situations sont source de conflits susceptibles de dégénérer.

De tels raisonnements et situations ont essentiellement deux causes : le système monétaire et financier international actuel et les taux de change arbitraires. Ces causes ont, elles-mêmes, leur origine dans la théorie économique actuellement dominante. La théorie néoclassique est sans fondement rationnel. De ce fait, elle est compatible avec toutes sortes de raisonnements sans fondement rationnel, avec toutes sortes de décisions partisanes et avec toutes sortes de règles arbitraires. Ces situations sont les conséquences de l'application de règles arbitraires.

Les organisations internationales actuelles chargées des relations monétaires et financières ne peuvent rien faire contre ce raisonnement et ces situations, cela essentiellement pour deux raisons. D'une part, elles sont issues du système monétaire et financier résultant des accords de Bretton-Woods, donc prisonnières de ce système. D'autre part, le cadre de la théorie dominante ne leur permet pas d'entrevoir une évolution positive. En fait, une théorie qui n'est pas rationnelle, qui est partisane ne peut être ni corrigée ni complétée. Il faut donc l'abandonner.

Les situations actuelles ne sont pas des fatalités.

L'économie est une science. Elle a des lois ou principes. Ces principes sont établis par une théorie rationnelle et les règles sont déduites logiquement de ces principes. L'application de ces règles assurerait le fonctionnement normal, harmonieux, de l'économie nationale et de l'économie internationale. Par exemple, l'application de ces règles ne ferait apparaître ni gagnants ni perdants, ni dysfonctionnements, ni pays dominants ni pays dominés, ni pays pillés, ni concurrence inégale entre les pays, ni financiarisation, ni crises financières.

Cette théorie existe, encore faut-il l'appliquer. Son application nécessite une prise de conscience du plus grand nombre, cela afin d'obliger les responsables politico-économiques à appliquer ces règles.

Table des matières

Structures éditoriales du groupe L'Harmattan

L'Harmattan Italie
Via degli Artisti, 15
10124 Torino
harmattan.italia@gmail.com

L'Harmattan Hongrie
Kossuth l. u. 14-16.
1053 Budapest
harmattan@harmattan.hu

L'Harmattan Sénégal
10 VDN en face Mermoz
BP 45034 Dakar-Fann
senharmattan@gmail.com

L'Harmattan Cameroun
TSINGA/FECAFOOT
BP 11486 Yaoundé
inkoukam@gmail.com

L'Harmattan Burkina Faso
Achille Somé – tengnule@hotmail.fr

L'Harmattan Guinée
Almamya, rue KA 028 OKB Agency
BP 3470 Conakry
harmattanguinee@yahoo.fr

L'Harmattan RDC
185, avenue Nyangwe
Commune de Lingwala – Kinshasa
matangilamusadila@yahoo.fr

L'Harmattan Congo
219, avenue Nelson Mandela
BP 2874 Brazzaville
harmattan.congo@yahoo.fr

L'Harmattan Mali
ACI 2000 - Immeuble Mgr Jean Marie Cisse
Bureau 10
BP 145 Bamako-Mali
mali@harmattan.fr

L'Harmattan Togo
Djidjole – Lomé
Maison Amela
face EPP BATOME
ddamela@aol.com

L'Harmattan Côte d'Ivoire
Résidence Karl – Cité des Arts
Abidjan-Cocody
03 BP 1588 Abidjan
espace_harmattan.ci@hotmail.fr

Nos librairies en France

Librairie internationale
16, rue des Écoles
75005 Paris
librairie.internationale@harmattan.fr
01 40 46 79 11
www.librairieharmattan.com

Librairie des savoirs
21, rue des Écoles
75005 Paris
librairie.sh@harmattan.fr
01 46 34 13 71
www.librairieharmattansh.com

Librairie Le Lucernaire
53, rue Notre-Dame-des-Champs
75006 Paris
librairie@lucernaire.fr
01 42 22 67 13

www.ingramcontent.com/pod-product-compliance
Lightning Source LLC
LaVergne TN
LVHW021221061026
849535LV00008B/2849
* 9 7 8 2 3 3 6 4 6 4 7 8 7 *